미래 모빌리티 UAM에 투자하라

미래 모빌리티

UAM에 투자하라

초판 1쇄 발행 2022년 3월 23일
초판 2쇄 발행 2022년 3월 30일

지은이 이재광

발행인 장상진
발행처 (주)경향비피
등록번호 제2012-000228호
등록일자 2012년 7월 2일

주소 서울시 영등포구 양평동 2가 37-1번지 동아프라임밸리 507-508호
전화 1644-5613 | **팩스** 02) 304-5613

ⓒ이재광

ISBN 978-89-6952-498-0 03320

미래 모빌리티

UAM에 투자하라

이재광 지음

2년 뒤 다가올 UAM 시대를 미리 엿보다

경향BP

"날고 싶은 열망은

선사 시대에 길이 없는 땅을 험난하게 여행할 때,

자유롭게 날아오르는 새들을 부러워했던

우리의 조상들이 물려준 것이다."

-윌버 라이트

Takeoff

UAM은 우리의 삶을 아주 크게 바꿀 것이다

상상해 보자. 가평이나 양평 같은 서울 근교에 위치한 전원주택에 살면서 광화문/강남/여의도에 출퇴근이 가능하다. 그런데 주거비는 서울에 있는 아파트에 주거하는 것과 비슷하거나 싸다. 그래도 모두 서울에 살고 싶어 할까? 아무리 그래도 매일 출근하는데 UAM 서비스를 이용하는 건 부담스러울 거라고 생각하는 사람도 있을 것이다.

그런데 과연 미래에도 매일 출근하게 될까? 나는 그렇지 않을 것이라고 생각한다. 변화의 조짐은 이미 나타나고 있다. 코로나19 팬데믹이 장기화되면서 사무실 근무와 재택근무를 병행하는 혼합 근무가 늘어나고 있다.

물론 모든 사람의 생각이 같지는 않을 것이다. 누군가는 그래도 도심에 사는 것을 선호할 것이다. 하지만 도시에서 밀도 높게 사는 것에 지친 사람들은 분명 있을 것이고 그들은 교외로 향할 것이다.

새로운 주거, 더 나아가 새로운 라이프 스타일이 분명 생길 것이다.

도시는 더 넓어질 것이다. 어쩌면 항상 우리를 힘들게 해 오던 도시의 주거비용 상승 문제도 완화될 수 있을 것이다.

진정한 모빌리티 혁명은 전기차가 아닌 UAM이다

세상의 모든 내연기관차가 전기차로 바뀐다고 모빌리티 혁명이 일어날까? 물론 탄소배출량 감축, 즉 환경적 측면에서는 혁명이라 할 수 있겠다. 하지만 내연기관차를 전기차로 바꾼다고 우리의 삶이 바뀌진 않을 것이다. 전기차를 이용해도 우리의 이동 시간이 줄어들지는 않기 때문이다. 내연기관차가 전기차로 바뀐다고 도시의 교통체증이 없어질 일은 없다.

하지만 UAM은 우리의 이동 시간을 획기적으로 줄여 줄 것이다. 교통체증은 물론 없다. 운항 중에 탄소배출도 당연히 없다. 100% 전기로 추진되는 항공기를 이용하기 때문이다.

자율주행보다 자율비행이 더 빨리 상용화될 것이다

자율주행 자동차보다 자율비행 UAM 항공기가 먼저 상용화될 것이라고 생각한다. 지상은 통제가 불가능하다. 누군가는 직접 운전할 것이고, 돌발 상황은 정량화하기가 어렵다. 하늘은 이미 통제되고 있고 앞으로도 그럴 것이다. 즉 컴퓨터에 의한 자율운항 기술을 적용하기 훨씬 유리하다는 것이다.

기술적으로도 이미 항공기 운항은 컴퓨터가 개입하는 비중이 높다. 여객기는 운항 중 많은 부분이 오토파일럿(Autopilot)에 의해 운항되고 있으며, 군용기의 경우 조종사가 탑승하지 않는 무인기가 널리 쓰이고 있다.

UAM은 사기가 아니다

UAM을 사기로 생각하는 사람이 여전히 많다. 2021년 2월에 있었던 이항에 대한 공매도 보고서 사건 때문이다. 하지만 공매도 보고서에서 제기한 의혹들이 모두 진실이라고 보기는 어렵다. 심지어 의도적으로 사실을 조작한 부분도 있다.

그렇다면 왜 이항의 주가는 이런 낮은 수준의 공매도 보고서로 인해 폭락하였을까? 그것은 이항이 UAM을 대표하는 기업 혹은 선두 기업이 아님에도 불구하고 투자자들의 오해로 단기간에 너무 급격하게 상승하였기 때문이다.

당시 이항의 주가는 3개월 만에 15배가 올랐다. 비정상적인 급등이다. 물론 자사를 'UAM 선두 기업'이라고 과장 표현한 이항의 잘못도 분명 있다. 하지만 그 정도의 과장은 어느 기업이나 한다. 이를 걸러 내지 못한 투자자의 잘못이 더 크다. UAM, 아니 항공우주산업을 조금만 알아도 분별할 수 있을 정도의 과장이기 때문이다.

안타까운 점은 그런 오해로 인한 주가 급등에 한국 투자자들의 역할이 컸다는 것이다. 이는 우리의 항공우주 산업에 대한 낮은 이해도 때문은 아닌지 자문하게 된다. 이번 일로 UAM 산업 전체가 사기라는 인식이 생겨 버린 점도 안타깝다.

주가가 비정상적으로 급등할 때는 그저 회사에서 말하는 것만 믿고 UAM 분야의 최고 경쟁력을 가진 회사라고 추앙하다가, 공매도 보고서로 주가가 폭락하자 보고서의 내용은 제대로 읽어 보지도 않고 주가가 폭락했으니 사기로 치부한다. 이는 절대 올바른 투자가 아니다.

UAM은 절대 사기가 아니다. 이항도 여전히 나스닥(NASDAQ)에 정상적으로 거래 중이다. 심지어 주가는 비정상적인 급등 이전보다 2배 정도 높은 수준이다.

UAM은 공상과학도 아니다

사실 많은 사람이 UAM을 처음 접하면 우려하는 부분이 매우 비슷하다. 소음, 안전, 규제 등이다. 한 가지 확실한 건 그런 우려는 전혀 날카로운 지적이 아니라는 것이다. 항공기 엔지니어도 아닌 우리가 생각할 수 있는 우려를 전문가들은 생각하지 못할 것이라고 판단하는 것은 오산이다.

이미 길게는 수십 년 전, 짧게는 10여 년 전부터 이를 해결하기 위해 전 세계의 엔지니어들이 연구해 왔고 상용화는 이미 눈앞에 와 있다. 빠르면 2024년부터 실제 UAM 서비스가 구현될 것이다. 수십 년 후에나 가능할 공상과학이 절대 아니라는 뜻이다.

먼저 상상할수록 더 많은 기회를 가질 것이다

그렇기 때문에 지금 우리는 UAM이 실현될지 말지를 고민할 것이 아니라 UAM이 세상을 어떻게 바꿀 것이고 그 안에 어떤 기회가 있을지를 상상하는 편이 훨씬 낫다고 생각한다. 많이 부족하지만 이 책을 통해 많은 사람이 그 기회를 발견했으면 한다.

　누군가는 주식 혹은 부동산 투자 아이디어를 얻을 수 있을 것이고, 누군가는 신사업에 대한 아이디어를 얻을 수 있을 것이다. 또는 UAM이 가져올 사회 변화에서 향후 진로 설정에 대한 아이디어를 얻을 수 있을 것이다. 더 나아가서는 우리나라가 글로벌 UAM 산업의 한 축이 될 수 있도록 많은 투자가 이루어지길 기대한다.

Per aspera ad astra

이재광

PART 2
왜 UAM이 필요할까?

PART 3
UAM 시대 미리보기

PART 4
패권을 차지하기 위해 전력 질주 중인 기업들

PART 1
UAM이
무엇일까?

태초에 우버가 ─────── UAM을 창조하시니라

UAM(Urban Air Mobility)의 역사에서 우버(Uber Technologies)의 역할은 지대했다. 조금 과장해서 표현하자면 UAM의 역사는 우버 전과 후로 나뉜다고 해도 무방할 정도이다. 2016년 10월 우버는 「Fast-Forwarding to a Future of On-Demand Urban Air Transportation」라는 제목의 보고서를 발표하였다. '우버 백서(Uber Whitepaper)'로 불리는 이 보고서를 통해 그동안 중구난방으로 개발되던 UAM은 기준을 잡게 되었고 이후 발전 속도가 빨라졌다.

우버는 이 보고서를 통해 UAM을 정의했을 뿐 아니라 이를 상용화하려면 해결해야 할 문제들(Barriers)을 정리하고 이에 대한 해결 방안의 타당성(Feasibility)을 분석하였다. 산업의 상용화에 대한 일종의 가이드라인을 제시했다고 볼 수 있다.

인증은 어떻게 받고(The Certification Process), 배터리 성능은 어느 정도가 되어야 하며(Battery Technology), 기체의 효율성

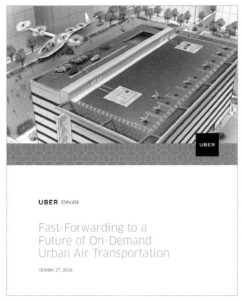

2016년 발표된 우버 백서의 표지. 우버 백서는 UAM의 바이블이
라고 불러도 손색이 없다.　　　　　　　　　　자료 제공: Uber

(Vehicle Efficiency) 그리고 성능과 신뢰성(Vehicle Performance
and Reliability)은 얼마만큼 보여 줘야 하는지, 항공교통관제(Air
Traffic Control)는 어떻게 할지, UAM의 비용과 이용 요금은 얼마가
되어야 할지(Cost and Affordability), 기체의 안전성은 어느 정도까
지 필요할지(Safety), 기체의 소음은 어디까지 낮추어야 할지(Aircraft
Noise), 기체의 탄소배출 문제(Emission), 버티포트/버티스톱 설치
문제(Vertiport/Vertistop Infrastructure in Cities), 조종사 양성 문제
(Pilot Training) 등에 대한 내용이었다.

　이 보고서로 인해 전 세계적으로 UAM에 대한 관심이 증폭되었

2019년 미국 워싱턴DC에서 개최된 우버 엘리베이트 서밋. 우버가 2017년부터 3년간 개최한 우버 엘리베이트 서밋은 UAM 산업 생태계 조성에 큰 역할을 하였다.　　　　　　　　　　　　자료 제공: Uber

고, 이후 관련해서 UAM에 대한 다른 기관과 기업들의 후속 보고서들이 쏟아졌다. 뿐만 아니라 우버는 2017년부터 매년 우버 엘리베이트 서밋(Uber Elevate Summit) 행사를 개최하고, UAM 상용화에 도전하는 8개의 eVTOL 제작사와 파트너십을 맺었다. 이 파트너십은 법적 구속력이 있는 것은 아니었지만 우버는 그들이 구현하고자 하는 UAM 서비스에 필요한 eVTOL이 갖추어야 할 구체적인 성능을 제시했고, 이를 통해 eVTOL 개발에 가속도가 붙었다.

　하지만 우버는 2020년 12월 UAM 사업부(Uber Elevate)를 8개의 파트너사 중 하나인 조비(Joby Aviation)에 매각하였다. 그런데 말이 매각이지 정확히는 조비에 대한 투자 확대라고 보는 것이 맞다. 우버는 2020년 1월 이미 조비에 5,000만 달러(약 600억 원)를 투자했고, 12월 UAM 사업부를 넘기는 대신 오히려 조비에 7,500만 달러(약 900억 원)를 추가로 투자하였다. 즉 우버는 UAM 사업을 포기한 것이 아니라는 뜻이다. 현재 조비는 eVTOL 제작은 물론 운항 서비스까지 진행할 계획인데 우버의 애플리케이션(Application)으로도 UAM 서비스를 제공할 것이라고 밝혔다.

사실 UAM보단 ——
AAM이라는 표현이 더 맞다

도심항공모빌리티인 UAM이 'Urban'이라는 단어가 들어갔다고 해서 꼭 도심 내 항공 이동만을 뜻하는 것은 아니다. 항공기의 운항 거리가 허락한다면 도심 밖, 더 나아가 도시 간 이동도 UAM이라고 할 수 있다. 단 도심 안에서 이착륙은 꼭 가능해야 한다. 즉 UAM은 도심에 이착륙이 가능한 항공 모빌리티라고 표현할 수 있다.

UAM과 비슷한 개념으로 지역항공모빌리티라고 불리는 RAM (Regional Air Mobility)이 있다. RAM은 항공기의 이착륙에 소규모 공항들을 이용한다는 점에서 UAM과는 조금 다른 면이 있다. 미국에는 약 5,000개 이상의 공항이 있는데 그중 30개의 공항이 전체 승객의 70%를 담당한다. 일반적으로 소규모 공항들은 활주로 길이가 짧아서 중대형 항공기들의 이착륙이 어렵기 때문에 공항 이용률이 낮다. 즉 RAM은 가동률이 낮은 소규모 공항들을 이용하여 지역 간 항공 운송을 원활하게 하려는 개념이라고 할 수 있다.

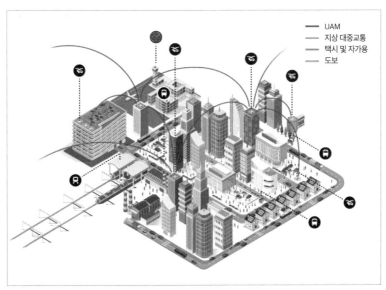

UAM은 도심에 이착륙이 가능한 항공 모빌리티를 의미한다.　　　　　　　자료 제공: Porsche Consulting

　　활주로가 갖춰진 공항을 이용한다면 꼭 eVTOL(electric Vertical Take-Off Landing, 전기추진 수직이착륙기) 항공기가 아니어도 된다. 최종 목적지가 도심 내에 위치한 버티포트(Vertiport)가 아니라면 eSTOL(electric Short-Take-Off Landing) 항공기도 사용할 수 있다. eSTOL 항공기는 약 100미터 수준의 활주로만 있어도 이착륙이 가능하기 때문이다.

　　사실 UAM과 RAM은 세부적으로는 차이점이 존재하지만 큰 틀에서는 거의 동일한 개념이다. 따라서 NASA(The National Aeronautics and Space Administration, 미항공우주국)에서는 이를 묶어서 선진항공모빌리티인 AAM(Advanced Air Mobility)으로 부른다. 이 책에서

말하는 내용도 사실 AAM으로 부르는 게 맞지만 용어로 인한 혼란을
일으키지 않기 위해 현재 우리나라에서 많이 쓰이는 UAM으로 기술
하였다.

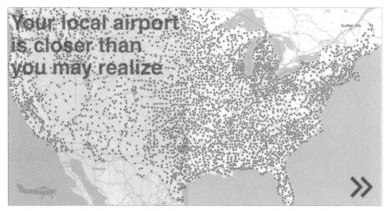

미국에는 약 5,000개 이상의 소규모 로컬 공항이 있으나 이용률이 매우 낮다. 이곳들을 활용하려는 것이
RAM이다.　　　　　　　　　　　　　　　　　　　　　　　　　　　　　자료 제공: NASA

AAM은 UAM과 RAM을 포괄하는 개념이다.　　　　　　　　　　　　　　자료 제공: NASA

플라잉 카? 드론 택시? ───────
UAM은 에어 택시!

새로운 개념을 어떻게 부르는가는 굉장히 중요한 문제이다. 왜냐하면 용어는 어떤 대상에 대한 첫인상을 결정하고, 그것으로 인해 생긴 오해가 불필요한 논의를 일으키기도 하기 때문이다. 언론에서 UAM에 대해 이야기할 때 가장 많이 쓰는 용어는 바로 '플라잉 카(Flying Car)' 혹은 '드론 택시(Drone Taxi)'이다.

그런데 둘 다 잘못된 표현이라 앞으로는 지양했으면 한다. 왜냐하면 앞서 말한 대로 UAM에 대한 잘못된 선입견이 생겨 자칫 UAM에 대한 대중의 사회적 수용성(Social Acceptance)을 낮출 수 있기 때문이다. 결론적으로 말하면 '에어 택시(Air Taxi)'가 UAM의 성격을 가장 잘 표현하는 애칭이다.

UAM은 우리말로는 도심항공교통으로 번역한다. 도심 내 활용이 가능한 항공기를 이용하여 승객이나 화물 운송 등을 목적으로 타 교통수단과 연계하여 운용하는 신개념 항공교통 체계를 뜻한다. 즉

UAM은 단순히 하늘을 날아다니는 항공기 자체만 지칭하는 것은 아니고, 관련 인프라와 서비스 그리고 운용 시스템 등 전반적인 산업 생태계를 포괄하는 개념이다. 도심을 중심으로 운송 서비스를 제공한다는 점에서 기존의 항공 운송 서비스와 다르고, 하늘 공간을 활용한다는 점에서 도로나 철도와 같은 지상 교통 서비스와도 다르다.

UAM을 플라잉 카라고 표현하는 것을 지양하는 이유는 'Car'라고 표현하면 현재 우리가 개인 소유의 자동차를 이용하는 것과 같은 완전한 사적 이용이 가능한 것으로 UAM을 오해할 수 있기 때문이다. 마치 현재 우리가 자동차를 이용하는 것처럼 플라잉 카를 구입해서 개인적으로 사용할 수 있다고 생각하게 된다는 것이다.

현재 구현하고자 하는 UAM은 개인의 완전한 사적 이용과는 거리가 있다. 비용이나 기술적인 문제도 있지만 더 큰 것은 안전을 위한 통제 때문이다. 즉 UAM의 통제 가능성을 높이기 위해서는 운항 허가를 받은 사업자가 시스템의 통제하에 운용하는 일종의 택시 형태로 구현해야 할 것으로 보이고, 실제로 그렇게 진행되고 있다.

다음으로 드론 택시라는 표현을 알아보자. 드론 택시는 플라잉 카보다는 UAM을 조금 더 잘 나타내지만 이 역시 한계가 있다. 일반적으로 드론이라고 하면 많은 사람이 장난감이나 방송 촬영용으로 많이 사용하는 소비자용 드론(Consumer Drone)을 떠올린다. 그래서 드론 택시라고 하면 소비자용 드론과 비슷하게 생긴 커다란 드론을 타고 다니는 것으로 오해하게 된다.

물론 우리에게 친숙한 드론 형태의 항공기도 있다. 볼로콥터

(Volocopter)의 볼로시티(VoloCity)나 이항(EHang)의 EH216이 그 예이다. 하지만 이는 UAM에 사용될 것으로 예상되는 항공기 중 일부분에 불과하다. 심지어 성능이 다른 형태보다 떨어지기 때문에 UAM 활용이 제한적일 것으로 보인다.

따라서 UAM의 개념을 대중에게 가장 정확하게 전달할 수 있는 애칭은 에어 택시이다. 개인이 항공기를 사적으로 구입하여 개인적으로 이용하는 것이 아니고, 일종의 택시처럼 허가를 받은 운송사업자가 운용하는 운송 서비스이다. 하늘을 이용해서 좀 더 빠르게 이동할 수 있게 해 주는 신개념 교통 체계가 바로 UAM이다.

에어 택시라고 해서 ──────
택시와 혼동하지 말자

UAM을 '에어 택시'로 비유하다 보니 요금 지불 방법이나 승차 방법 등을 기존에 우리가 이용하는 택시와 같은 걸로 오해할 수 있다. 결론을 먼저 말하면 양자는 서로 다를 것이다.

먼저 이용 요금의 경우 택시는 1명이 타든 여러 명이 타든 거리에 따라 요금을 내지만 UAM은 좌석당 요금을 지불해야 할 것이다. 현재 우리가 항공기나 기차 등을 이용하는 것과 같은 방식이다. 또 현재 우버의 승차 호출(Ride Hailing) 서비스처럼 수급 상황에 따라 변동하는 요금 체계(Dynamic Pricing)가 될 것이다. 항공사들과 마찬가지로 UAM 사업자들도 수익성을 높이기 위해서는 탑승률을 높이는 것이 중요하기 때문이다.

이는 단지 사업자의 수익성만을 위한 것이라고 보기는 어렵다. 이용자 입장에서도 탑승률이 올라갈수록 가격 하락 요인으로 작용하기 때문이다. 우리가 비행기 티켓을 구매할 때를 생각해 보면 이해가 쉽울 것이다.

탑승률을 높이는 방법은 여러 가지가 있을 수 있다. 예를 들면 고정 수요를 확보하기 위해 특정 시간에 특정 구간을 운항하는 정기권을 발행하여 할인 판매하거나, 다른 모빌리티와 연계하여 할인 판매할 수 있다. 항공사와 연계하여 비행기 티켓과 UAM 티켓을 묶어서 판매할 수도 있다. 물론 항공사뿐 아니라 택시, 기차, 전동 스쿠터 등 다른 모빌리티와 결합하여 판매할 수도 있을 것이다.

승차 방법도 마찬가지이다. 택시는 일종의 '도어 투 도어(Door-To-Door)'가 가능하다. 하지만 UAM은 안전이 확보된 곳에서만 승하차가 가능하다. 궁극적으로는 탑승장이 여러 곳에 생기겠지만 초기에는 한정된 곳에서 시작할 것이기 때문에 택시만큼의 접근성을 기대하기는 어렵다. 대신 하늘을 이용하면 교통체증을 벗어날 수 있다는 것이 큰 장점이다.

UAM을 실현시켜 줄 신개념 항공기, eVTOL

UAM이 실현되기 위해서는 항공기, 이착륙 시설, 관제 시스템 등 필요한 것이 많다. 그중에서도 가장 먼저 필요한 것은 항공기이다. 일단 항공기가 있어야 거기에 맞는 이착륙 시설도 짓고, 관제 시스템도 설계할 수 있기 때문이다.

현재 우리가 기대하는 UAM을 실현시켜 줄 항공기로 꼽히는 것은 바로 eVTOL이다. 이유는 eVTOL이 성능 면에서 UAM에 가장 적합하기 때문이다. 참고로 eVTOL은 Electric Vertical Take-Off Landing의 약자로서 '이비톨'로 읽으며, 우리말로는 전기추진 수직이착륙기로 번역한다. 그럼 이제 왜 eVTOL이 UAM에 적합한 항공기인지 알아보자.

일단 UAM에 필요한 항공기는 수직이착륙이 가능해야 한다. 왜냐하면 도심에서 이착륙해야 하는데 시내 한복판에 활주로를 만들 수는 없지 않은가? 그리고 도심 혹은 주거 지역에서 이착륙과 운항을 해야 하므로 소음이 적어야 한다. 또 기체 가격이나 유지 비용도 적어야 한다. 아무리 편리한 교통수단이라고 해도 너무 비싸면 대중화되기 어렵기 때문이다. 마지막으로는 이산화탄소와 같은 온실가스 배출이 최소화되어야 한다. 탄소중립이 시급한 국제적 과제인데 미래 모빌리티가 탄소를 많이 배출한다면 곤란하다.

eVTOL은 이름에서 알 수 있듯이 수직이착륙이 가능한 항공기이다. 사실 우리에게 친숙한 수직이착륙기는 헬리콥터가 대표적이다. 하지만 헬리콥터는 수직이착륙이 가능하다는 점에서는 UAM에 부합하지만 나머지 조건은 만족시키지 못한다. 일단 너무 시끄럽다. 가끔 도심 하늘에 헬리콥터가 날아다니는 경우가 있는데 멀리서도 엄청난 소음을 느낀다. 그런 헬리콥터가 수십 대 아니 수백 대 날아다닌다면, 상상만 해도 끔찍하다. 아마 도시가 마비될 것이다.

하지만 eVTOL은 수직이착륙이 가능하면서도 헬리콥터보다 약 100배 이상 조용하다. 기종마다 차이는 있지만 헬리콥터의 소음은 약 90~100dBA인 데 반해, eVTOL은 약 55~65dBA이다. 이 정도 소음은 우리가 보통 조용히 대화할 때 발생하는 소음 수준이다.

eVTOL이 헬리콥터보다 조용할 수 있는 이유는 크게 2가지 차이점 때문이다. 첫째는 프로펠러가 헬리콥터의 그것보다 작고, 둘째는 헬리콥터는 내연기관 엔진을 사용하는데 eVTOL은 전기모터를 사용하기 때문이다.

또 eVTOL은 헬리콥터보다 기체 가격과 유지 비용이 훨씬 저렴하다. 기종이나 운항 조건에 따라 다르기 때문에 정량적으로 얼마나 싼

지를 일반화하기는 어려우나, eVTOL 선두 업체인 조비의 계산에 따르면 헬리콥터보다 약 4배 저렴하다고 한다.

eVTOL이 헬리콥터보다 저렴한 이유는 기계 구조의 단순함이 가장 크다. 내연기관을 엔진으로 사용하는 헬리콥터와 달리 전기 모터를 사용하기 때문에 부품 수가 적고 구조가 단순해 기체 제작 비용이 적게 들고, 정비 보수 작업도 용이하여 유지 관리 비용도 적게 든다. 심지어 UAM이 대중화되면 생산 대수가 증가함으로써 규모의 경제가 발생할 것이므로 eVTOL의 비용은 향후 더욱 감소할 것으로 전망된다.

eVTOL은 헬리콥터보다 조용하고 비용이 저렴할 뿐만 아니라 안전하기도 하다. 이는 DEP(Distributed Electric Propulsion, 분산전기추진) 때문이다. DEP는 배터리에서 생성되는 전기 에너지로 여러 개의 추진체(로터, 프로펠러, 팬 등)가 독립적인 구동을 하게 하는 기술이다. 하나의 로터로 비행하는 헬리콥터와 달리 여러 개의 추진체를 구동하는 eVTOL은 개별 로터에 문제가 생겨도 다른 로터가 구동하기 때문에 안전하게 비행할 수 있다.

마지막으로 eVTOL은 운항 중에 온실가스를 배출하지 않는 친환경 모빌리티이다. eVTOL이 기후 변화를 야기하는 이산화탄소를 배출하지 않는 이유는 헬리콥터보다 조용하고 비용도 저렴한 이유와 같다. 동력원으로 화석 연료를 사용하는 내연기관을 사용하지 않고 전기 모터를 통해 배터리에 저장된 전기 에너지를 운동 에너지로 사용하기 때문이다.

120dB	• 전투기의 이착륙 소음	
110dB	• 자동차의 경적 소음	
100dB	• 열차 통과 시 철도변 소음	
90dB	• 소음이 심한 공장 안 • 큰 소리의 독창	
80dB	• 지하철의 차내 소음	
70dB	• 전화벨(0.5m) • 시끄러운 사무실	
60dB	• 조용한 승용차 • 보통 회화	
50dB	• 조용한 사무실	
40dB	• 도서관 • 주간의 조용한 주택	
30dB	• 심야의 교외 • 속삭이는 소리	
20dB	• 시계 초침 • 나뭇잎 부딪치는 소리	

eVTOL은 이착륙 시 약 60dB, 운항 시 약 35dB 정도의 소음을 발생한다.   자료 제공: 국가소음정보시스템

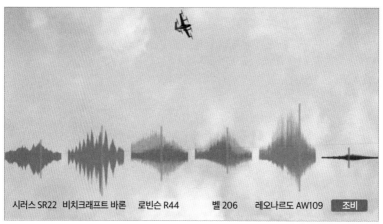

시러스 SR22　비치크래프트 바론　로빈슨 R44　벨 206　레오나르도 AW109　[조비]

조비는 eVTOL이 기존 헬리콥터보다 약 100배 조용하다는 것을 실제 실험을 통해 보여 준 바 있다.

자료 제공: Joby Aviation Youtube

25마일 운항 시 비용

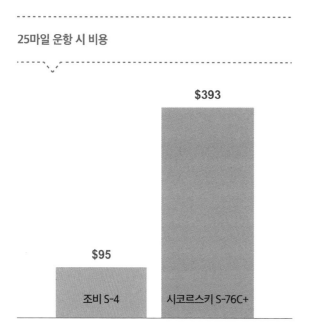

eVTOL의 운용 비용은 헬리콥터보다 약 4배 싸다.　자료 제공: Joby Aviation

배터리만으로 비행이 가능할까?

eVTOL에 대해 이야기하면 많은 사람이 갖는 의구심이 있다.

"과연 배터리의 전기 에너지만으로 비행이 가능할까?"

"가능하다면 얼마나 날아갈 수 있을까?"

이에 대한 답은 "가능하다.", "충분히 멀리 날아갈 수 있다."이다.

이미 조비는 2021년 7월 한 번 충전으로 250km 비행에 성공하였다. 수직이착륙을 포함한 총 비행시간이 77분이었으니 평균 속도는 시속 200km에 달한다.

조비가 사용한 리튬이온배터리의 양극재는 NCM811이고 흑연 음극재이다. 즉 현재 상업 생산이 가능한 배터리 기술로도 250km 정도의 비행이 가능하다는 뜻이다. 물론 향후 배터리의 비에너지가 상승하면 운항거리 역시 증가할 것이다.

다음으로 궁금해하는 것은 바로 충전 시간이다.

조비가 준비하는 UAM 서비스 노선의 평균 거리는 40~80km이다. 완전 충전된 eVTOL이 이 정도 거리를 비행하고 완전 충전까지는 아니더라도 비행 가능한 정도로 충전하는 데는 약 5~7분이 걸릴 것이라고 한다. 타고 온 승객이 내리고 새로운 승객이 타는 동안 충전해도 다음 비행이 가능한 수준이다. 참고로 250km 정도의 장거리 비행을 위해서는 최대 45분 정도의 충전 시간이 걸릴 것이라고 한다.

총 비행거리: 154.6마일
비행시간: 1시간 17분

조비는 현재 상용화된 배터리를 이용하여 154.6마일 비행에 성공하였다. 차세대 배터리 기술 상용화 시 운항거리는 더 늘어날 수 있다는 뜻이다.

자료 제공: Joby Aviation Youtube

eVTOL도 ————
종류가 다양하다

그렇다면 이제 eVTOL에 대해 좀 더 자세히 알아보도록 하자. 현재 eVTOL은 형태에 따라 크게 3종류로 나눌 수 있다. 멀티콥터 (Multicopter), 리프트 플러스 크루즈(Lift + Cruise), 벡터드 쓰러스트 (Vectored Thrust)이다.

멀티콥터는 여러 개의 로터 또는 프로펠러를 장착하여 추력을 분산시켜 비행하는 항공기로 우리에게 친숙한 소비자용 드론과 형태가 유사하다. 비행 원리도 소비자용 드론과 거의 같다. 볼로콥터의 볼로 시티, 이항의 EH216이 대표적인 멀티콥터 형식의 eVTOL이다.

멀티콥터의 장점은 기체 구조가 상대적으로 단순하기 때문에 개발과 제작이 용이하다는 것이다. 따라서 감항인증도 다른 형식의 eVTOL보다 빨리 받을 가능성이 높다. 최초의 UAM은 멀티콥터가 될 것으로 보는 이유이다.

하지만 멀티콥터는 성능 면에서 다른 형식의 eVTOL에 뒤처진다.

양력을 발생시키는 날개가 없어서 탑재 중량(Payload)은 적고, 운항 거리는 짧으며, 속도도 느리다. 볼로시티와 이항216의 경우 2인석으로 조종사를 감안하면 승객은 1명만 탑승할 수 있으며, 운항거리는 약 35km, 속도는 시속 100km 내외에 불과하다.

이 정도 성능으로는 도심 내에서 단거리용으로는 사용할 수 있겠지만 매 비행마다 충전으로 소비되는 시간을 고려하면 진정한 의미의 UAM을 구현하는 데는 한계가 있을 것으로 보인다. 그래서인지 볼로콥터와 이항 역시 후속 모델은 후술할 리프트 플러스 크루즈 형식으로 발표하였다.

리프트 플러스 크루즈는 쉽게 표현하면 고정익인 비행기와 회전익인 헬리콥터가 혼합된 형태라고 볼 수 있다. 비행기처럼 양력을 발생시키는 날개가, 헬리콥터처럼 프로펠러가 달려 있다. 단, 추진체는 두 종류가 장착되어 있는데, 수직이착륙 시 쓰는 추진체와 전진할 때 쓰는 추진체가 그것이다. 즉 고정익과 회전익 항공기의 특성을 함께 가지면서 추력과 양력을 만드는 각각의 추진체가 독립적으로 역할을 수행하여 수직이착륙을 하며, 순항도 할 수 있다는 뜻이다.

에어버스(Airbus)의 시티에어버스 넥스트젠(CityAirbus NextGen), 볼로콥터의 볼로커넥트(VoloConnect), 위스크 (Wisk Aero)의 코라(Cora), 베타(Beta Technologies)의 알리아-250(Alia-250), 이항의 VT-30 등이 리프트 플러스 크루즈 형태의 eVTOL에 속한다.

리프트 플러스 크루즈는 기체 구조의 복잡성이나 성능 면에서 앞서 설명한 멀티콥터와 뒤에 설명할 벡터드 쓰러스트의 중간 영역에 있다고 볼 수 있다. 멀티콥터와 달리 날개가 달려 있고 항력/추력 프로펠러가 독립적으로 작동하기 때문에 기체 구조는 멀티콥터보다 복잡하나 성능은 멀티콥터보다 뛰어나다. 더 많이 실을 수 있고, 더 멀리 그리고 더 빨리 운항할 수 있다. 하지만 기체 구조상 벡터드 쓰러스트보다는 성능이 뒤처진다. 물론 기체 구조는 벡터드 쓰러스트보다 단순하여 제조나 감항인증에서는 용이할 것으로 보인다.

마지막으로 벡터드 쓰러스트에 대해 알아보겠다. 벡터드 쓰러스트는 추력 편향이라고도 불리는데 리프트 플러스 크루즈처럼 고정익 비행기와 회전익 헬리콥터가 복합된 형태라고 볼 수 있다. 리프트 플러스 크루즈와 다른 점은 추진체가 방향을 바꿀 수 있게(Tilting) 설계되어 양력과 추력을 동시에 담당한다는 것이다.

조비의 S-4, 오버에어(Overair)의 버터플라이(Butterfly), 아처(Archer Aviation)의 메이커(Maker), 릴리움(Lilium)의 제트(Jet), 버티컬(Vertical Aerospace)의 VX4가 벡터드 쓰러스트 형태의 eVTOL에 속한다. 물론 그중 메이커와 VX4는 리프트 플러스 크루즈와 벡터드 쓰러스트를 복합한 형식이라고 볼 수 있다. 즉 완전한 벡터드 쓰러스트 형식은 S-4, 버터플라이, 제트이다.

벡터드 쓰러스트의 장점은 멀티콥터/리프트 플러스 크루즈보다 성능이 뛰어나다는 것이다. 수직비행 추진체와 수평비행 추진체의 구분이 없기 때문에 같은 승객 수를 태워도 운항거리가 더 길어질 수 있다. UAM에서 eVTOL의 성능이 중요한 이유는 운항 서비스의 수익성 때문이다. 여객 운송 서비스에서 수익성을 결정하는 것은 결국 같은 시간에 얼마나 많은 승객을 수송하는가가 될 것인데, 한 번에 많은 승객을 태우고 빨리 갈수록 수익성이 높을 것이다.

또 운항거리가 길수록 더 많은 수요를 만족시켜 줄 수 있다. 같은 거리를 이동하는 경우에도 운항거리가 긴 eVTOL은 비행 사이에 충전 시간이 적게 들기 때문에 같은 시간에 더 많은 수익을 창출할 수 있다. 단, 기체의 복잡도가 높아서 개발이 어렵고 운항 난이도도 가장 높을 것이다.

성능만 보면 벡터드 쓰러스트가 가장 뛰어나다. 하지만 모든 eVTOL 항공기가 벡터드 쓰러스트로 통일될 것으로 보기는 어렵다. 결국은 경제성에 따라 각각의 목적에 맞는 최적의 eVTOL이 선택될 것이다.

	멀티콥터	리프트 플러스 크루즈	벡터드 쓰러스트
형상			
기체 복잡도	낮음	중간	높음
항속거리	~50km	~100km	~250km
운항속도	~100km/h	~200km/h	~300km/h
용도	도시 내 이동, 관광 등	공항 셔틀 등	도시 간 이동 등

주) 위 수치는 해당 eVTOL 항공기 모델에 따라 편차가 있을 수 있다.

eVTOL만 있는 건 아니다. —————
eSTOL도 있다

UAM 항공기에는 eVTOL만 있는 건 아니다. 전기추진 단거리이
착륙기인 eSTOL도 있다. 둘 다 전기추진 시스템을 사용하지만 이착
륙 방식은 다르다. eVTOL은 수직이착륙이 가능하나 eSTOL은 불가
능해 활주로가 필요하다. 대신 짧은 활주로만 있어도 단거리 이착륙
이 가능하다.

eVTOL은 수직이착륙 시에 항공기 중력을 극복하기 위해 많은 에
너지를 소비하지만 eSTOL은 짧은 활주로에서 수평비행 속력으로
날개에서 기체 중력을 극복하는 양력을 발생하므로 eVTOL에 비해
적은 에너지로 이착륙이 가능하다. 즉 같은 용량의 배터리를 사용할
경우 운항거리는 eSTOL이 eVTOL보다 길다는 장점이 있다.

또 다른 장점으로는 기체의 복잡성이 낮고 현재 감항표준을 더 많
이 준용할 수 있어서 제작과 인증 그리고 운용이 eVTOL보다 용이하
고 비용도 적게 들 것이다.

단점은 수직이착륙이 불가능하기 때문에 단거리이긴 하지만 100미터 내외의 활주로가 필요하다는 것이다. 따라서 도심 내 이착륙이 어려워 접근성 측면에서는 eVTOL보다 불리하다. 하지만 도심에서 가까운 소규모 공항을 연결하는 RAM으로는 충분히 활용 가능할 것으로 예상된다. 혹은 강이나 바다 위에 활주로를 건설하여 도심 접근성을 높이는 방법도 있다. eSTOL 스타트업 기업 중에는 빌딩 옥상에 100미터 내외의 공간만 있다면 건축물 보강만으로 옥상에서 단거리 이착륙이 가능하다고 주장하는 곳도 있다.

현재 eSTOL을 개발 중인 업체로는 일렉트라(Electra Aero)와 에어플로우(Airflow Aero)가 있다. 이들은 8~10명이 탑승 가능하고 700~800km를 운항할 수 있는 eSTOL을 개발하고 있는데 활주로 길이는 80~100m가 필요하다고 한다. 일렉트라에 따르면 eVTOL보다 70% 정도 낮은 운용비로 탑재 중량은 2.5배 많고 10배 정도 더 멀리 비행할 수 있을 것이라고 한다.

일렉트라에서 개발 중인 eSTOL　　　　　　　　　　　　　　　　자료 제공: Electra Aero

개발만큼
어려운 인증

그렇다면 성능이 좋은 eVTOL 개발에 성공하면 이제 UAM을 구현할 수 있을까? 안타깝지만 더 큰 고비가 남아 있다. 그것은 바로 인증이다. 사람이 타는 항공기는 높은 안전성이 요구되기 때문에 항공기의 설계/제조/운용에서 항공안전 전문 관청인 감항당국으로부터 여러 가지 인증을 받아야 한다.

항공기의 인증은 크게 감항표준(Airworthiness Standards)에 대한 적합성(Compliance) 검증 절차를 거쳐 수행된다. 참고로 감항이란 '견딜 감(堪)' 자와 '배 항(航)' 자가 결합된 한자어로 '항공기가 안전하게 비행할 수 있는 능력'을 뜻한다. 쉽게 말하면 항공기가 안전하게 비행할 수 있는지 평가한다는 말이다.

인증은 크게 형식증명(Type Certificate), 생산증명(Production Certificate), 감항증명(Airworthiness Certificate)으로 구분할 수 있다. 형식증명은 항공기의 설계에 대한 감항성을 인증하는 것이고, 생산증명은 항공기를 생산하기 위한 시설/인력/기술 및 품질 관리 체계 등을 실사해 형식증명 받은 원설계대로 항공기를 복제해 양산할 수 있는 능력을 인증하는 것이다. 마지막으로 감항증명은 해당 항공기 운용자가 실제로 그 항공기를 운용하게끔 개별 항공기에 대해 감항증명을 발급해 주는 것이다.

그렇다면 항공기의 인증은 누가 해서 해당 증명을 발급해 주고, 또 어떻게 받을 수 있는 걸까? 항공기는 미국에서는 FAA(Federal Aviation Administration, 미연방항공청), 유럽연합에서는 EASA(European Union Aviation Safety Agency, 유럽연합항공안전청), 한국에서는 국토교통부에서 인증을 받아야 하는데, 인증 과정은 전문가들도 이해하기 어려울 정도로 매우 복잡하다.

FAA와 EASA 등과 같은 감항당국에서 인증을 받아야 하는 이유는 간단하다. 그들이 법률적으로나 기술적으로 항공기의 안전성을 인증해 줄 수 있는 능력이 있고 신뢰도가 높기 때문이다. 당연하게도 항공기의 안전성을 인증하려면 복잡한 항공기의 기술에 대해 알아야 하고, 인증에 필요한 감항표준을 제정하고 개정해 나아가야 한다. 그런데 전 세계 항공기 산업은 미국과 유럽이 과점하고 있다. 따라서 항공기의 안전성 인증도 그들의 몫이다.

특히 eVTOL의 인증은 FAA와 EASA마저도 도전적인 과제이다. 기존 항공기와 전혀 다른 새로운 항공기라는 eVTOL의 특성상 그들도 한 번도 해 보지 않은 영역이기 때문이다.

현재 FAA와 EASA의 eVTOL 인증 방안은 접근 방식에서 약간의 차이가 있는 것으로 보인다. EASA는 SC-VTOL-01이란 소형급 수직이착륙기(VTOL) 감항표준 특별 조건을 제정했다. 반면 FAA는 EASA처럼 별도의 감항표준을 정하지 않고 기존의 소형급 고정익 감항표준인 Part 23을 기반으로 인증을 신청한 eVTOL에 필요한 요구 사항을 추가해서 인증 기준을 합의하는 방식을 채택하고 있다.

현재 조비와 아처는 FAA, 볼로콥터와 릴리움은 EASA의 인증을 진행 중인데, 사업 지역 확대를 위해서는 FAA와 EASA 양쪽에서 모두 인증을 받게 될 것으로 보인다. 세부적으로는 인증표준이 다른 점이 있을 수 있겠으나 양 국가 간에 BASA(Bilateral Aviation Safety Agreement)와 같은 인증 공유 협정이 있을 경우 한쪽의 인증을 받고 나면 다른 쪽의 인증을 받는 것은 크게 어렵지 않을 것으로 보인다.

한편 이항은 CAAC(Civil Aviation Administration of China, 중국 민용항공국)의 인증을 받고 있다. 항공기 형식이 멀티콥터이기에 상대적으로 복잡도가 낮아서 인증 시기는 빠를 것으로 예상된다. 하지만 CAAC의 인증이 FAA나 EASA의 인증으로 이어지는 것은 쉽지 않을 것이다.

신형 항공기를 인증받는 데는 시간이 오래 걸리고 비용도 많이 든다. 신형 항공기를 개발해서 인증받기까지 기간은 5~7년, 비용은 약 1조 원 이상이 드는 것으로 알려져 있다. 현재 진행 속도가 가장 빠른 조비의 경우 2015년부터 FAA와 인증 관련 논의를 시작했고, 2018년부터 공식적인 인증 절차에 돌입하였다. 현재 2023년까지 인증 절차를 완료하는 것을 목표로 하고 있다.

UAM에 수소연료전지를 이용할 수는 없을까?

　수소연료전지에 사용되는 액화수소는 비에너지가 리튬이온배터리보다 약 200배 이상 높기 때문에 이를 이용하면 항공기의 항속거리 및 운항시간을 8~12배 정도 늘릴 수 있다. 순수한 물 이외에 다른 부산물이 없기 때문에 리튬이온배터리와 마찬가지로 친환경적이다. 이런 장점에도 불구하고 현재 대부분의 개발사는 리튬이온배터리를 이용한 eVTOL을 개발하고 있다. 수소연료전지를 이용한 eVTOL은 알라카이(Alaka'i Technologies)가 개발 중인 스카이(Skai)가 유일하다.

　수소연료전지를 주력으로 개발하지 않는 이유는 크게 2가지이다.

　먼저 항공기용 수소연료전지는 개발 난이도가 높다. 자동차용 수소연료전지 시스템보다 가벼워야 하고 비행 시에는 고출력을 유지해야 하는 등 요구 조건이 높기 때문이다. 참고로 한화에어로스페이스는 항공용 수소연료전지를 개발 중이다.

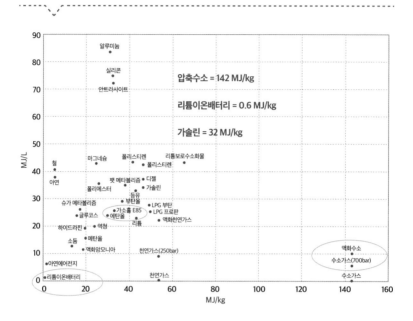

수소연료전지는 리튬이온배터리보다 비에너지가 약 200배 이상 높다.

자료 제공: Alakai

두 번째는 인프라 문제이다. 수소연료전지를 UAM에 활용하려면 eVTOL 항공기가 이착륙하는 버티포트에 수소의 이송/저장/공급에 관련한 인프라가 구축되고 이에 대한 안전이 확보되어야 하는데 단기간에 이 문제를 해결하기 어렵기 때문이다. 하지만 이는 항공기용 수소연료전지 시스템이 개발되고 관련 인프라 구축이 가능하다면 언제든지 적용할 수 있다는 뜻이기도 하다.

개인적으로 수소연료전지 시스템은 eSTOL을 이용한 RAM에 먼저 적용될 것으로 예상된다. 왜냐하면 공항의 경우 일단 주거 밀집 지역과 거리가 떨어져 있어서 수소의 이송/저장/공급 관련 인프라 관리가 도심에 위치한 버티포트보다 용이할 것이기 때문이다. 또한 공항에는 이미 항공유 보급 인프라와 소방 능력이 갖춰져 있기 때문이다.

UAM 시장 규모는 얼마나 성장할 수 있을까?

"정부가 도심항공모빌리티(UAM, Urban Air Mobility) 기반 구축 작업에 본격적으로 나서며 2040년 1,700조 원 규모로 성장할 것으로 보이는 '에어 택시' 개발에 속도가 붙고 있다."

2022년 1월 6일 언론 기사의 첫 문장이다. UAM에 관한 기사에 꼭 인용되는 부분이 바로 2040년 시장 규모가 1,700조 원이 될 것이라는 것이다. 이 예측치는 모건 스탠리(Morgan Stanley)가 2018년 12월에 발표한 UAM 보고서에 나온 내용을 인용한 것이다. 이 보고서에서 모건 스탠리는 2040년 글로벌 UAM 시장 규모를 1조 4,740억 달러(약 1,769조 원)로 예상하였다. 그게 아직까지 국내 언론 기사에 보도되고 있는 것이다.

이 전망치는 2021년 5월 후속 보고서를 통해 업데이트되었는데 코로나19 영향과 주요 감항당국의 인증 상황을 반영하여 2040년 UAM 시장 규모를 1조 10억 달러(약 1,201조 원)로 낮추었다. 정리하면 현재까지도 국내 언론에 인용되는 모건 스탠리의 UAM 예상 시장 규모는 잘못된 예측치라는 것이다.

모건 스탠리의 전망은 증권사 리서치라는 특성상 매우 공격적인 전망치로 볼 수 있다. 참고로 컨설팅사인 롤랜드 버거(Roland Berger)의 2040년 승객용 UAM 시장 규모 전망은 160억 달러(약 19조 원)이다. 또 다른 컨설팅사인 KPMG는 2040년 승객용 UAM 시장 규모를 1,190억 달러(약 143조 원)로 전망하고 있다.

이처럼 아직 실현되지 않은 산업 특성상 기관/기업들마다 전망치는 차이가 날 수밖에 없다. 그러므로 구체적인 숫자에 너무 큰 의미를 부여할 필요는 없다. 중요한 것은 지금은 없는 시장이지만 가까운 미래에는 커질 시장이라는 점이다.

현재 상장된 eVTOL 제작사들은 초기 서비스가 어느 정도 안정화 단계로 접어들 것으로 예상되는 2026년에 약 20~35억 달러(약 2~4조 원) 수준의 매출을 목표로 하고 있다. 5개 정도의 기업이 이를 달성할 수 있다고 가정하면 2026년의 시장 규모는 100~175억 달러(약 10~20조 원)가 될 것으로 예상할 수 있다.

포르쉐 컨설팅(Porsche Consulting)에 따르면 현재 글로벌 모빌리티 시장 규모는 하드웨어와 서비스를 포함해서 7조 8,000억 달러(약 9,360조 원) 수준이라고 한다. UAM도 언젠가는 상당 부분의 시장 규모를 차지할 것으로 확신한다. 만약 모건 스탠리의 전망대로 2040년 UAM 시장 규모가 1조 달러(약 1,200조 원) 수준이 된다면 현재 모빌리티 시장의 약 13%에 달하는 시장이 될 것이다.

주요 기관별 UAM 시장 규모 전망치

기관명	추정일	2025년	2030년	2035년	2040년	2050년
모건 스탠리	2021년 5월	10	55	255	1,001	9,042
피치북	2021년 4월	2	50	151	-	-
KPMG	2021년 6월	10	31	58	119	-
포르쉐 컨설팅	2021년 7월	1	4	21	-	-
롤랜드 버거	2021년 4월	-	1	-	16	90

단위: 십억 달러

주요 기업별 목표 매출액 전망치

회사명	2024년	2025년	2026년	2027년	2028년	2029년	2030년
아처	42	1,044	2,230	3,444	4,709	7,532	12,335
이브	21	45	305	1,161	1,825	3.047	4,536
버티컬	192	931	3,566	5,424	7,270	-	-
릴리움	246	1,314	3,306	5,867	-	-	-
조비	131	721	2,050	-	-	-	-

단위: 백만 달러

eVTOL 대량 생산이 가능할까?

　성능 좋은 eVTOL 개발이 끝나고 인증을 통해 안전성도 확보했다면 다음 관문은 바로 대량 생산이다. 사실 생산도 인증을 받아야 한다. 승인된 형식 설계(Type Design)에 적합한 항공기와 부품을 대량으로 생산하기 위한 생산설비, 인력, 기술 및 품질 관리 체계에 대한 인증을 받아야 양산이 가능하기 때문이다. 물론 이 과정도 쉬운 것은 아니다. 하지만 eVTOL 양산에서 인증보다 더 도전적인 과제는 동일한 성능의 eVTOL을 대량 생산할 수 있는가이다.

　eVTOL 양산이 도전적 과제인 이유는 eVTOL이 항공기이기 때문이다. 항공기의 대량 생산이 어려운 이유는 크게 2가지로 볼 수 있다. 첫째는 항공기가 정밀기계라는 것, 둘째는 대량 생산할 만큼 수요가 많지 않다는 것이다. 기종마다 다르지만 일반적으로 항공기 부품 수는 자동차의 10배인 20만 개에 달한다. 자동차처럼 자동화하기가 쉽지 않다. 수요가 크지 않은 것도 대량 생산이 어렵기 때문이다.

대량 생산을 못하니 가격이 비쌀 수밖에 없다.

eVTOL의 대량 생산이 가능할 것으로 보는 이유는 전기추진 항공기여서 기존 항공기보다는 부품 수가 적어 일정 부분 자동화가 가능하기 때문이다. 시장 규모도 대량 생산할 만큼 충분히 클 것으로 예상된다. 대량 생산과 수요는 서로 영향을 미치는데 대량 생산으로 가격이 떨어지게 되면 수요가 더 늘어날 수 있게 된다.

eVTOL 대량 생산에는 자동차 생산 업체들의 생산 노하우가 큰 역할을 할 것으로 기대된다. 자동차 생산 업체들은 생산성과 품질을 높이기 위한 노력을 수십 년간 해 왔다. 실제로 이미 토요타(Toyota)는 조비의 주요 주주(지분율 13%)이고, 스텔란티스(Stellantis)는 아처와 전략적 파트너십을 맺었으며, 다임러(Daimler)와 지리(Geely)는 볼로콥터에 투자하였다.

예를 들어 조비는 토요타의 도움으로 생산 공정을 간소화하여 약 9,000평 이상의 생산 공간을 절약할 수 있었다. 즉 더 작은 생산 공간에서 더 빠른 속도와 더 낮은 비용으로 eVTOL을 생산할 수 있게 되었다는 것이다. 뿐만 아니라 토요타는 특수한 맞춤 치구를 개발하였는데 이를 이용하면 전에는 숙련된 기술자도 1시간 가까이 걸리던 작업을 단지 3~4분 만에 할 수 있다고 한다.

그렇다면 eVTOL은 연간 몇 대 정도 생산될 수 있을까? 이는 구체적인 내용을 발표한 조비의 계획을 살펴보면 대충 짐작할 수 있다. 조비는 현재 양산에서 3단계 계획을 가지고 있다. 일단 인증이 완료될 것으로 예상되는 2023년까지 시험 생산 단계(Pilot Production)를

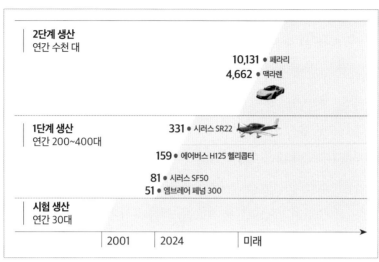

2단계 생산
연간 수천 대

10,131 ● 페라리
4,662 ● 맥라렌

1단계 생산
연간 200~400대

331 ● 시러스 SR22

159 ● 에어버스 H125 헬리콥터

81 ● 시러스 SF50
51 ● 엠브레어 페넘 300

시험 생산
연간 30대

2001　　2024　　미래

조비는 2024년 상용화 이후 연 200~400대 수준, 이후 연 수천 대 수준의 생산 체제를 구축하는 것을 목표로 하고 있다.
자료 제공: Joby Aviation

주요 기업별 eVTOL 목표 생산량

회사명	2024년	2025년	2026년	2027년	2028년	2029년	2030년
버티컬	50	250	1,000	1,500	2,000	-	-
릴리움	90	325	600	950	-	-	-
아처	10	250	500	650	800	1,400	2,300
이브	-	-	75	340	481	801	1,117
조비	115	272	550	-	-	-	-

단위: 대

통해 연간 30대의 eVTOL을 생산하려고 한다.

2024년부터 본격적인 상용화 단계로 넘어 가면 연 200~400대를 생산하는 1단계 생산 체제(Phase 1 Production)를 구축할 계획이다. 이 정도 생산량은 현재 민수용 헬리콥터나 비즈니스 제트기의 연간 생산 대수와 유사한 수준이다.

이후 UAM이 더욱 대중화되면 연간 수천 대 생산이 가능한 2단계 생산 체제(Phase 2 Production)를 구축하는 것이 현재의 중장기 계획 이다. 즉 중장기적으로 현재 페라리, 맥라렌 등과 같은 슈퍼카 수준 의 생산을 하는 것이 목표라고 볼 수 있다.

조비와 토요타가
손을 잡은 이유

2017년 조비는 세계 최초로 전기체 기술시범기(Full-Scale Technology Demonstrator)의 비행에 성공하였다. 틸트-로터(Tilt-Rotor)를 장착한 실물 크기의 시제기로 수직이륙 후 순항 비행으로 전환한 뒤 다시 수직착륙에 성공한 것이다. 이는 조비가 수년간 이루어 온 노력의 결정체였지만 완전한 eVTOL 개발은 아직 갈 길이 멀었다. 하지만 조비는 이미 그때부터 eVTOL의 대량 생산을 고민하기 시작하였다.

2019년 창업자이자 CEO인 조벤 베버트(JoeBen Bevirt)와 초기 투자자이자 이사회 의장인 폴 시아라(Paul Sciarra)는 일본으로 가는 비행기에 몸을 실었다. 토요타 자동차(Toyota Motor)의 CEO이자 창업자의 손자인 토요다 아키오(Toyoda Akio)를 만나기 위해서였다.

토요다 가문은 여러 세대에 걸쳐 비행 수송체(Flying Vehicle) 개발을 꿈꿔 왔다. 토요타 산업(Toyota Industries Corporation)의 창업자인 토요다 사키치(Toyoda Sakichi)는 1925년 소형/대용량 축전지 개발을 공모했는데 당시 상금은 100만 엔으로 현재로 치면 수십억 엔(수백억 원)에 달하는 엄청난 금액이었다. 당시 요구 사항은 가솔린 보다 많은 비에너지였는데 이는 비행기의 동력원으로 활용하려 했기 때문이다. 그의 증손자인 토요다 아키오가 조비의 eVTOL에 큰 관심을 가진 것은 어찌 보면 당연한 결과이다.

조벤 베버트와 폴 시아라를 만난 토요다 아키오는 미래 모빌리티 환경은 다양한 모빌리티를 활용하여 사용자의 이동 편의성을 높여주는 멀티모달(Multi-modal)이 될 것이라는 조비의 생각에 동의했다. 그리고 양 사의 협업은 엄청난 시너지가 있을 것으로 보았다. 즉 조비의 eVTOL 설계 능력과 토요타의 대량 생산 능력이 합쳐지면 서로가 꿈꾸는 미래 모빌리티에 좀 더 빨리 도달할 수 있을 것으로 본 것이다.

결국 2020년 1월 토요타 자동차는 조비의 시리즈 C 펀딩에 리드 투자자로서 3억 5,000만 달러(약 4,200억 원)를 투자하면서 조비의 전략적 투자자가 되었고 eVTOL의 생산, 부품 설계 등을 함께 하게 되었다. 향후 조비와 토요타의 협업은 eVTOL의 유지 보수, 서비스, 운영까지 확장될 것이라고 한다.

UAM은 어디서 ──────
타고 내릴까?

　UAM은 어디서 타고 내릴 수 있을까? 직관적으로 생각하면 eVTOL은 수직이착륙이 가능한 항공기이기 때문에 도시의 고층빌딩 옥상마다 이착륙시설을 설치해서 타고 내리면 된다고 생각할 수 있다. 하지만 이는 반은 맞고 반은 틀린 말이다.

　단순히 1대 정도의 eVTOL이 뜨고 내리는 기능만 한다면 고층빌딩 옥상에도 설치가 불가능한 것은 아닐 수 있다. 하지만 원활한 UAM을 구현하기 위해서는 단순히 1대 정도 뜨고 내릴 수 있는 이착륙시설만으로는 어려울 것이다. 수요가 많은 지역에는 여러 대의 eVTOL이 뜨고 내릴 수 있어야 하고, eVTOL 충전과 정비도 가능해야 한다. 결국 UAM이 원활히 구현되려면 별도의 이착륙시설이 필요하다.

　UAM 이착륙시설을 부르는 이름은 현재 회사마다 다르지만 일반적으로 버티포트가 가장 많이 쓰인다. 버티포트는 비행기를 위한 공항(Airport)과 헬리콥터를 위한 헬리포트(Heliport)가 혼합된 용어이다. UAM의 공항 역할을 하는데 eVTOL은 비행기와 달리 수직이착륙이 가능하기 때문에 넓은 면적이 요구되는 활주로는 필요 없다.

　UAM의 대중화가 성공하려면 버티포트의 역할이 매우 중요한데 그 핵심은 바로 이용 편의성, 구체적으로는 사용자들의 접근성이라고 할 수 있다. 아무리 성능 좋고 안전한 eVTOL을 개발하더라도 버티포트가 사용자들이 이동하기 원하는 곳과 멀리 떨어져 있다면 사용자들로부터 외면받을 수밖에 없다. 가까운 예로 한강 수상택시를 들 수 있다. 한강 수상택시는 여의도와 잠실을 잇는 '한강 르네상스 계획'의 일환으로 시작했으나 접근성이 낮아 결국 실패하였다. UAM이 성공하려면 무엇보다도 버티포트의 접근성이 뛰어나야 한다.

　접근성이 중요하면 접근성이 뛰어난 곳에 버티포트를 지으면 된다. 서울을 예로 들면 아마 3대 도심 지역인 사대문 CBD(Central Business District), 여의도 YBD(Yeouido Business District), 강남 GBD(Gangnam Business District)가 될 것이다. 하지만 부지 확보와 안전 규제를 감안하면 이동 수요가 많은 도심 한복판에 버티포트를 짓는 게 말처럼 쉽지 않다. 다행히 도심 외곽 주거 지역이나 공항 근처에 접근성 좋고 안전 규제를 충족하는 버티포트를 짓는 일은 상대적으로 어려운 일은 아닐 것으로 예상된다.

　UAM은 새로운 항공 분야인 만큼 기준과 전례가 없기 때문에 버티포트 설치에 대한 기준 역시 확립되지 않았다. 하지만 eVTOL의 인증과 마찬가지로 버티포트 설치 규제도 FAA와 EASA에서 각각

기존 헬리포트 기반으로 관련 기준을 준비 중이다. 우리나라도 FAA 와 EASA의 규제에 준하는 기준을 따를 것으로 예상된다.

안전을 위한 규제는 비슷하겠지만 버티포트의 형태는 각 나라 그리고 도시마다 다를 것이다. 왜냐하면 도시 구조 및 주거 형태 그리고 교통 인프라 발달 수준 등이 다르기 때문이다. 미국에서는 주차장 건물(Parking Garage)을 활용하여 버티포트 네트워크를 구축할 것으로 보인다. 이는 선두 업체인 조비와 아처의 버티포트 계획을 통해 유추할 수 있다. 2021년 6월 조비는 미국의 리프(REEF Technology) 와 버티포트 구축에 관한 파트너십을 맺었다. 뒤이어 8월에는 아처 도 리프와 파트너십을 맺었다.

리프는 북미 지역에 5,000여 개의 주차장 건물을 보유한 기업이다. 조비와 아처가 리프와 버티포트 구축 파트너십을 맺은 이유는 주차장 건물을 버티포트로 전환했을 때 시너지가 클 것으로 보기 때문이다. 일단 미국의 주차장 건물은 사람들이 많이 이동하는 요지에 위치한 경우가 많다. 건물 자체가 넓고 크기 때문에 각종 관련 시설(승객 대기장소, 운항 통제소, 충전기 등)을 설치하기도 용이하다.

한마디로 처음부터 빈 부지를 찾아 새로 짓는 것보다 이미 있는 주차장 건물이 접근성이나 경제성 등에서 훨씬 유리하다고 보는 것이다. 물론 모든 버티포트가 주차장 건물을 이용해서 만들어질 것으로 생각하지는 않는다. 경제성과 안전성만 충족된다면 다양한 형태의 버티포트가 만들어질 수 있을 것이다.

그렇다면 우리나라는 어떨까? 일단 앞서 말한 대로 당장 서울의 주요 도심(사대문, 여의도, 강남)에 버티포트를 설치할 수 있을까? 쉬운 일은 아니지만 불가능한 일도 아니다. 단, 우리는 미국과 같은 형태의 대형 주차장 건물이 도시의 요지에 있는 구조가 아니기 때문에 다른 방향으로 접근해야 할 것으로 보인다.

현재 버티포트 설계와 운영을 준비 중인 한국공항공사의 계획을 통해 유추해 보겠다. 한국공항공사는 UAM 이착륙시설을 규모와 기능에 따라 버티허브(VertiHub)와 버티포트 2가지로 나눠서 준비 중이다. 버티허브는 규모가 크고 이착륙 기능뿐만 아니라 충전이나 정비 등 기체 관리 기능까지 가능한 것, 버티포트는 규모가 작고 기체 관리 기능은 없지만 이착륙은 가능한 것을 의미한다. 즉 넓은 부지 확보가 가능한 곳에 2~3개의 버티허브를 구축하고, 넓은 부지 확보는 어려우나 수요 밀집 구역은 버티포트를 구축하여 연계 운항 서비스를 하는 계획이다.

서울의 버티허브는 아무래도 수요가 많은 3대 도심(사대문, 여의도, 강남)에 근접해야 할 것이다. 강남 GBD의 경우 현재 확정적인 곳은 잠실운동장 부지이다. 이곳은 '잠실 스포츠/MICE 복합공간 조성 민간투자사업' 지역인데 총 사업비 2조 원 규모로 컨벤션시설, 복합레저시설, 호텔 등을 건설할 예정이다. 현재 한화 컨소시엄이 개발 우선협상대상자로 선정되었고 계획대로 진행되면 이곳에 버티포트도 건설될 것이다. 추가 버티포트는 여의도공원 혹은 용산에 지어질 현대차 UAM 연구시설이 될 것으로 보인다. 물론 향후 버티포트 숫자는 증가할 것이다.

미국의 주차장 건물을 활용한 버티포트 설계안   자료 제공: Corgan

한화시스템과 한국공항공사가 김포공항에 추진 중인 버티허브 설계안   자료 제공: 한화시스템

빌딩 옥상마다 버티포트를 ——— 만들기 어려운 이유

도심의 빌딩 옥상마다 버티포트를 만들기 어려운 이유는 설계 기준, 특히 eVTOL의 진출입 회랑 확보 문제 때문이다. 물론 다른 이유도 많다. 하지만 가장 해결이 쉽지 않은 문제에 대해서 이야기해 보겠다.

아직까지 버티포트 설치에 대한 구체적인 기준은 확립되지 않았다. 하지만 수직이착륙기라는 특성을 감안할 때, 현재 헬리콥터가 뜨고 내리는 헬리포트 설치 기준과 유사할 것으로 예상할 수 있다. ICAO(International Civil Aviation Organization, 국제민간항공기구)나 FAA의 헬리포트 설치 기준에 따르면 항공기의 안전 운항을 위하여 헬리포트 주변에 장애물의 설치 등이 제한되는 장애물 제한 표면 규정이 있다.

쉽게 이야기하면 헬리콥터가 헬리포트에 이착륙할 때는 FATO(Final Approach and Take Off Area, 최종 진입 및 착륙 구역)로부터 약 7도의 경사각을 가진 진출입 표면(Approach/Departure Surface)을 확보해야 한다는 것이다. 이는 헬리포트 근처에 높은 빌딩이 있을 경우 진출입 표면을 확보하는 것이 쉽지 않다는 뜻이다.

헬리콥터는 수직이착륙이 가능한데 왜 경사로가 필요할까? 이는 안전과 에너지 효율성 때문이다. 원하는 순항고도까지 직각으로 수직 상승할 경우, 충분한 고도 확보 이전에 엔진 고장이 발생해 지면으로 떨어질 때 풍차(Windmilling) 효과를 이용해 양력을 발생시키는 오토로테이션이 불가능하여 항공사고로 직결될 수 있다. 또 호버링(Hovering, 공중 정지)할 때 많은 에너지가 필요한데 직각으로 이착륙을 하면 에너지가 효율적이지 못하다. eVTOL도 마찬가지이다. 더구나 화석 연료보다 비에너지가 낮은 배터리를 사용하는 eVTOL은 에너지 효율이 더욱 중요하다.

그렇다면 주변 빌딩보다 높은 빌딩 옥상에는 버티포트 설치가 용이할까? 일단 진출입 회랑 확보는 용이하겠지만 면적 확보가 쉽지 않을 것이다. 상용으로 버티포트가 효율적인 운영을 하려면 최소 FATO 2개와 주기장(Parking Pad) 5개가 필요하다. 면적으로는 약 5,500m²(축구장 면적이 약 7,000m²)인데 고층 빌딩 옥상에 이 정도 면적을 확보하는 것은 쉽지 않다.

이에 대한 해결책으로 미국의 건축설계 업체인 코건(Corgan)은 도심을 지나가는 고속도로 위 혹은 기차역에 버티포트를 짓는 아이디어를 냈다. eVTOL의 진출입 회랑을 고속도로나 철도 위로 설정할 수 있다는 장점이 있고, 수요가 증가할 경우 확장하기도 용이하다.

수요가 많은 도심 접근성이 높다는 점도 장점이다. 서울에도 충분히
활용할 수 있는 아이디어라고 생각한다.

댈러스 중심 지역을 지나는 고속도로를 이용한 버티포트 설계안. 우버와 코건이 공동 설계했다.

자료 제공: Corgan

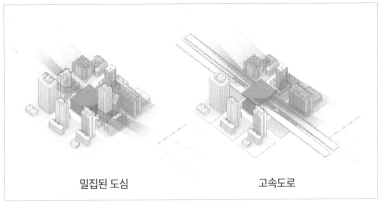

밀집된 도심   고속도로

도심 고속도로를 활용하면 eVTOL 이착륙 진출입로 확보에 용이하다.   자료 제공: Corgan

많은 eVTOL을 ───────────
어떻게 통제할 수 있을까?

UAM에 대해 받는 질문 중 하나가 eVTOL의 운항 중 충돌에 대한 위험이다. 인구 밀집도가 높은 도심 상공에서 eVTOL이 서로 충돌해서 지상으로 추락한다면 상상만 해도 끔찍한 일이 될 것이다. 다행히 이 같은 참사는 일어나기 어렵다. 그런 일이 발생하지 않도록 UATM(Urban Air Traffic Management, UAM 교통 관리 체계)이 eVTOL들을 관리, 통제해 줄 것이기 때문이다.

이 책에서는 UATM이라는 용어를 우선 사용했지만 권역이나 국가 그리고 항공교통관제 기술 개발 기업별로 새로운 저고도 유인 항공 교통 관리 시스템을 이르는 호칭은 다양하다.

UATM은 쉽게 이야기하면 현재 항공기 운항을 관제하는 ATM (Air Traffic Management)의 UAM 버전이라고 보면 된다. 만약 운항하는 eVTOL 수가 많지 않다면 현재 ATM으로도 관리나 통제가 가능할 수 있을 것이다. 하지만 UAM이 대중화됨으로써 운항 대수가 증가할 것을 감안하면 UAM만을 위한 별도의 관리 시스템이 필요하다. 참고로 컨설팅 기업인 롤랜드 버거는 2050년에 16만 대 이상의 eVTOL이 운항될 것으로 전망한다.

심지어 장기적으로 UAM은 조종사가 필요 없는 자율비행 형태로 진화할 것을 감안하면 이를 관리할 수 있는 별도의 시스템은 꼭 필요하다. 그렇기 때문에 관련 기관들은 항공교통흐름 관리, 이착륙시설, 충전시설과 같은 인프라 측면에서 다각적인 연구를 수행하고 있다.

그렇다면 UATM은 어떻게 작동할까? 일단 시스템의 한가운데에 PSU(Provider of Service for UAM, UAM 교통 관리 서비스 제공자)가 존재한다. 이들은 UAM 운항안정정보를 공유하고, 교통흐름을 관리하며, 비행계획을 승인해 주고, eVTOL이 항로를 이탈하는지 모니터링하는 등 핵심적인 역할을 하게 될 것이다. 이런 PSU는 일정 지역의 UAM 흐름 관리를 담당하고, 각 지역들의 PSU가 네트워크를 구성하게 된다.

UATM은 이런 PSU들과 정보를 주고 받는 주체들로 구성된다. 비행계획을 수립하고 eVTOL의 운항 및 운용, 관리를 하는 주체인 UAM 운용자(UAM Air Operator)와 eVTOL의 버티포트 운용과 서비스를 제공하고 버티포트 권역을 감시하는 주체인 버티포트 운용자(Vertiport Operator) 그리고 지형, 장애물, 날씨 등 운항지원정보 서비스를 제공하는 주체인 SDSP(Supplemental Data Service Provider, 운항지원정보 제공자) 등이다.

정리하면 eVTOL이 서로 충돌하지 않을 뿐만 아니라 각종 장애

UAM 교통 체계 구조

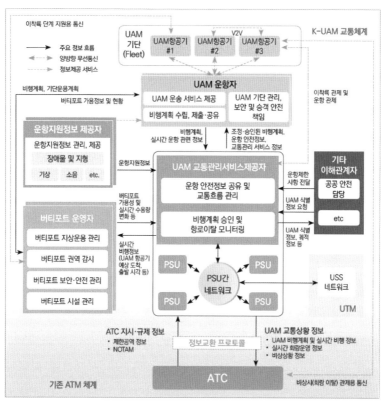

자료 제공: UAM 팀 코리아

물, 돌발적인 기상 상황 등 위험에 처하지 않도록 다양한 정보가 중
앙의 PSU에 의해 관리되면서 교통흐름을 통제하는 시스템이라고 이
해하면 된다. 이 책에서 사용한 PSU, SDSP 등의 용어는 미국에서 제
안된 개념이고, 유럽이나 다른 권역에서는 다른 용어와 정의가 제안

되고 있다.

그렇다면 eVTOL의 운항 경로는 어떻게 될까? 운항 경로도 결국 UATM에 의해 설정, 관리될 것인데 그 개념과 변화 방안에 대해 알아보겠다.

일단 UAM은 기존 항공기와 다르게 평균 지상고도 450m 수준에서 비행한다. 도심의 상공을 비행하기 때문에 건물의 높이에 따른 위험 요소 그리고 지역별 소음기준이 달라지기 때문에 엄격하게 운항 경로를 관리해야 한다. eVTOL의 운항 경로를 회랑(Corridor)이라고 부르는데 결국 UATM에 의해 허가된 회랑을 따라 eVTOL이 비행한다고 볼 수 있다.

안전을 위해 상용화 초기의 경우 회랑은 고정형 회랑(Fixed Corridor) 형태로 운영될 예정이다. 고정형 회랑의 특징은 다른 회랑과 교차되는 영역이 없다는 점이다. 앞서 우려한 eVTOL 간의 충돌 상황을 사전에 방지하는 차원으로 이해하면 될 것이다. 하지만 이런 방법으로는 많은 eVTOL 운항이 어려울 것이다.

따라서 중기적으로는 중첩된 영역이 허용되는 고정형 회랑망(Fixed Corridor Network)으로 발전할 전망이다. 도로로 비유하면 교차로가 생기는 것이다. 물론 이렇게 되려면 UATM이 좀 더 정교해지고 eVTOL의 항법 성능도 발전해야 한다.

궁극적으로는 동적 회랑망(Dynamic Corridor Network)으로 발전하는 것을 지향한다. 동적 회랑망은 회랑이 수시로 변화하는 개념이다. 예를 들어 사용자가 A 버티포트에서 B 버티포트로 이동을 요청

UAM 고정형 회랑망의 개념

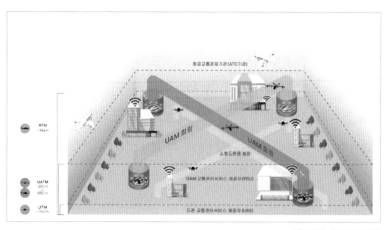

자료 제공: UAM 팀 코리아

하면 UATM에서 그 상황에 맞는 최적의 회랑을 생성해서 eVTOL의 비행을 허가해 주는 개념이다. 도로로 비유하면 상황에 따라 도로가 생기고 사라지는 것이 반복되는 것이다. 그렇게 되면 좀 더 신속한 이동이 가능해질 것이다.

UAM의 자율비행은 ──────── 가능할까?

　현재 우리가 이용하는 여객기에는 오토파일럿 기능이 잘 되어 있다. 이미 비행시간의 대부분을 오토파일럿이 담당하고, 상황에 따라 제한적이지만 착륙도 자동으로 할 수 있다. 심지어 2019년 12월 에어버스는 완전 비전 기반 자동이륙(Fully Automatic Vision-Based Take-Off)에 성공했다는 것을 다음해 1월에 발표한 적도 있다.

　그럼에도 비행기에는 기장/부기장 2명의 조종사가 탑승한다. 구식 여객기나 수송기에는 조종사 2명 외에 항공기관사(Flight Engineer)까지 탑승한 적도 있었다. 이는 오토파일럿은 일종의 비행기 조종기계 역할이고, 조종사는 그 기계를 이용하여 비행기의 안전한 운항(Operation)을 총괄하는 역할이기 때문이다. 좀 더 쉽게 이야기하면 오토파일럿은 조종사의 조종 업무 부담을 줄여 주는 도구이고, 조종사는 사고를 예방하기 위한 다른 업무에 집중할 수 있다는 것이다.

승객이 탑승하지 않는 군용기의 경우 조종사가 탑승하지 않는 무인기가 실제 활용되고 있다. 하지만 역시 사람이 전혀 개입하지 않는 것은 아니다. 조종사가 기체에 탑승하지 않고 지상에서 운용하는 일종의 원격조종이라고 볼 수 있다. 물론 비행 내내 지상의 조종사가 운용을 하는 것은 아니다. 임무 수행을 위해 사람의 판단이 필요할 경우 운용에 개입하고 그렇지 않은 경우는 오토파일럿에게 비행을 맡길 수 있다. 원격조종이라고 해서 무인기와 가까운 곳에서 조종하는 것도 아니다. 위성통신을 활용하기 때문에 지구 반대편에서도 조종이 가능하다.

UAM 자율주행의 발전도 비슷한 방향으로 진행될 것으로 예상된다. 초기에는 조종사가 비행에 관여하는 비중이 매우 높을 것이다. 하지만 오토파일럿 기술의 적용이 증가하면서 조종사가 조종에 관여하는 비중은 낮아질 것이고, 더 나아가서는 지상에서 원격조종하게 될 것이다. 더욱 발전하면 1명의 조종사가 여러 대의 eVTOL을 조종하게 될 것이고, 궁극적으로는 이 모든 활동이 컴퓨터에 의해 가능한 날이 올 수도 있을 것이다.

업계에서는 2035~2040년경에 최초의 완전 자율운항 eVTOL이 상용 운항을 할 수 있을 것으로 기대하고 있지만, 자율운항은 현재의 오토파일럿보다 매우 높은 자율성(Autonomy)이 필요하므로 극복해야 할 기술적 난제, 규제 그리고 사회적 수용성이 요구된다. 그럼에도 육상/해상/공중 모빌리티가 공통적으로 지향하는 궁극의 목표 중 하나는 자율성인 것은 부정할 수 없다.

UAM 이용 가격은 얼마일까?

    UAM은 얼마에 이용할 수 있을까? 가장 많이 받는 질문 중 하나이고, 미래의 이용자로서 나도 가장 궁금한 것 중 하나이다. 현재 전망에 근거해서 결론부터 말하면 일단 상용화 초기에는 현재 택시보다 비싸겠지만 가격은 향후 지속적으로 하락할 것이며 궁극적으로 자율비행이 가능해지면 택시보다 저렴하게 이용할 수 있을 것으로 본다.

    최초의 UAM 가격 전망이라 할 수 있는 우버 엘리베이트(Uber Elavate)의 2016년 보고서부터 살펴보자. 우버 엘리베이트는 초기(Initial-term) 가격으로 시트 마일당 3달러, 중기(Near-term) 가격으로 1달러, 장기(Long-term) 가격으로 0.5달러를 전망하였다. 여기서 시트 마일당이란 표현은 승객 좌석 하나당 1마일의 거리를 비행할 경우 승객이 부담하는 항공운임율을 의미한다.

    이해하기 쉽게 이를 실제 사례에 적용해서 기존 모빌리티와 비교해 보면 다음과 같다. 미국 샌프란시스코에서 새너제이로 이동한다고 가정했을 때, 우버(UberX 기준)를 타고 가면 요금은 111달러가 필요하고 1시간 40분이 소요된다. 하지만 UAM을 이용하면 요금은 초기 기준 129달러로 우버보다 16% 비싸지만 소요 시간은 15분에 불과하다. 중기적으로는 43달러, 장기적으로는 20달러까지 하락할 것으로 전망하였다. 즉 우버보다 훨씬 빠르면서 가격도 싸게 UAM을 이용할 수 있을 것이다.

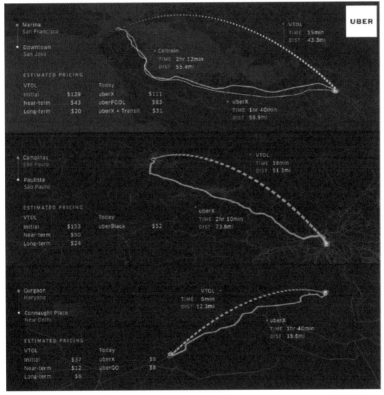

우버 백서에 제시된 UAM 이용 가격 및 소요 시간   자료 제공: Uber

최근 상장한 UAM 업체들의 가격 전망도 2016년 우버 엘리베이트의 전망과 크게 다르지 않다. 이는 우버 엘리베이트가 계획했던 방향으로 UAM 개발이 진행되어 왔기 때문이다. 특히 조비는 2026년 초기 가격으로 시트 마일당 3달러를 제시하였는데 이는 앞서 본 2016년 우버 엘리베이트의 초기 가격 전망과 동일하다. 아무래도 우버 엘리베이트가 2020년 12월 조비에 합병된 영향도 있을 것으로 보인다. 조비가 제시한 초기 가격의 설정 과정을 살펴보면 향후 가격 하락이 어떻게 이루어질 것인지를 예상할 수 있다.

　첫째는 eVTOL의 생산 대수 증가이다. 시트 마일당 3달러로 설정한 배경에는 평균 963대의 eVTOL을 운용한다는 가정이 있다. 이는 연간 200~400대 수준의 생산 능력을 확보해야 가능한 수치이다. 즉 eVTOL 생산 능력이 이 수준보다 증가한다면 가격 하락 요인으로 작용할 것이라고 볼 수 있다. 생산 능력 증가가 가격 하락 요인으로 작용할 수 있는 이유는 생산량이 증가할수록, 그리고 운항 대수가 증가할수록 규모의 경제 효과가 발생하여 eVTOL 자체의 가격 하락으로 이어지기 때문이다.

　둘째는 운용 시간 증가에 따른 UAM 가동률(Utilization) 상승이다. 조비의 2026년 가격 전망에는 하루 평균 12시간의 운용 시간을 가정하였다. 아무래도 상용화 초기에는 안전 규제상 주간비행만 허용될 것을 가정한 것으로 보인다. 즉 향후 eVTOL과 UATM의 발전으로 통신/항법/감시(CNS) 확대에 따라 날씨가 좋지 않은 주간 그리고 야간에 계기비행규칙(IFR)에 따른 비행이 가능해질 경우 가동률이 상승할 것이고, 이에 따라 가격 하락도 가능할 것으로 보인다. UAM 가동률 상승은 배터리 기술 발전으로도 가능하다. 배터리의 비에너지 상승으로 운항거리가 늘어나면 eVTOL의 충전 시간을 줄일 수 있기 때문에 가동률이 상승할 것이다.

UAM 이용 가격은 ─────
절대 비싸지 않을 것이다

    UAM의 초기 이용 예상 가격을 우리나라의 택시와 비교하면 비싸 보이지만 헬리콥터와 비교해 보면 매우 저렴하고 거의 우버 요금 수준임을 알 수 있다.

    미국의 블레이드(Blade Air Mobility)는 헬리콥터/수륙양용기/고정익 항공기 등을 이용하여 항공 운송 서비스를 제공하는 회사이다. 이 회사가 제공하는 항공 운송 서비스 중에 헬리콥터를 이용하여 뉴욕의 JFK 공항과 맨해튼을 연결해 주는 것이 있다. 가격은 195달러이고 순수 비행시간은 5분이다. 같은 거리를 우버를 통해 이동한다면 교통 상황에 따라 천차만별이지만 차가 안 막힌다고 가정하면 약 50~60달러의 요금에 소요 시간은 약 1시간이 걸린다.

    같은 서비스를 헬리콥터가 아닌 eVTOL로 한다고 생각해 보자. JFK 공항과 맨해튼의 거리가 약 16마일이고, 조비의 초기 예상 가격이 시트 마일당 3달러인 점을 감안하면 총 이용 가격은 50달러 수준이다. 헬리콥터의 1/4 가격으로 같은 서비스를 이용할 수 있다는 뜻이다. 또 우버와 비슷한 수준의 요금을 내지만 교통체증 걱정 없이 제시간에 이동할 수 있다.

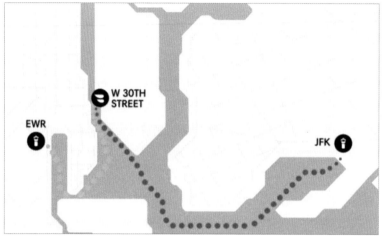

블레이드의 맨해튼-JFK공항 헬리콥터 노선   자료 제공: Blade Air Mobility

PART 2
왜 UAM이
필요할까?

시간은 금이다.
이동에 낭비하는 시간을 줄여 줄 UAM

서울시의 '서울 생활이동 데이터'에 따르면 수도권 직장인의 출근 시간은 평균 53분이다. 조금 더 세분화해서 보면 서울 주민이 서울 직장으로 출근할 때는 평균 44.7분, 경기도에서 서울로 출근할 때는 72.1분, 서울에서 경기도로 출근할 때는 65.4분이다. 대부분의 사람이 24시간 중 2시간을 출퇴근 이동에 소비하는 셈이다. 물론 이것은 평균이니 실제로 출퇴근에 사용하는 시간이 이보다 짧은 사람도 있을 것이며, 더 소요되는 사람도 상당수 있을 것이다. 어쨌든 오늘날 대도시에 살고 있는 평범한 사람들이 이동에 많은 시간을 소비하고 있다는 것은 부인할 수 없는 사실이다.

출퇴근 시간을 돈으로 환산하면 얼마일까? 2013년 한국교통연구원이 발표한 「수도권 통근 시간과 행복 상실 가치분석」 보고서에 따르면 출퇴근 시간 1시간의 경제적 가치는 1개월에 약 94만 원에 달한다고 한다. 이는 장거리 통근자가 행복을 상실하는 정도를 돈으로 환산한 결과이다. 달리 표현하면 출퇴근 시간이 1시간 줄어든다면 월급을 94만 원 덜 받아도 같은 행복을 느낀다는 것이다.

출퇴근에 많은 시간을 낭비하게 되는 것은 물리적 거리가 먼 것도 원인이겠지만, 출퇴근 시간에 발생하는 교통체증으로 인한 것이 더 클 것이다. 교통체증으로 인한 경제적 손실이 어마어마한 수준이다. 미국의 교통량 분석 업체인 인릭스(INRIX)의 분석에 따르면, 2018년 기준 미국 시민들은 교통체증으로 연간 평균적으로 97시간을 허비하는데, 이는 870억 달러(약 100조 원)의 손실이 발생한 것과 같다고 한다.

사실 시간의 가치를 돈으로 환산한다는 게 어불성설이긴 하다. 중요한 것은 출퇴근 시간이 길어질수록 우리의 행복은 감소하고 사회적으로도 엄청난 경제적 손실이 발생한다는 것이다. 따라서 많은 사람의 출퇴근 시간을 줄이게 된다면 반대로 많은 사람의 삶에 대한 행복도가 상승하고 사회/경제적 손실도 줄일 수 있을 것이다.

그런 측면에서 UAM은 매우 효과적인 교통수단이 될 것이다. 일단 eVTOL은 매우 빠르고, 3차원의 공중공간을 이용하므로 교통체증이 발생하지 않고, 최대한 직선으로 최단거리 이동을 할 수 있기 때문이다. 개발 업체마다 차이는 있지만 현재 개발 중인 벡터드 쓰러스트 eVTOL의 속도는 시속 240~300km이고, 한 번 충전으로 이동할 수 있는 항속거리는 160~250km이다. 이 정도 성능이면 이론적으로 수도권과 서울 도심을 10분 이내로 이동할 수 있다.

UAM을 이용하는 게 ───── 항상 빠를까?

이용자 입장에서 UAM은 언제나 자동차보다 빠른 모빌리티일까? 결론을 먼저 말하면 "25km 이상을 이동할 때만 그럴 것이다."이다.

자동차와 비교하면 물리적 속도는 당연히 eVTOL이 빠르다. 교통 체증도 없다. 하지만 eVTOL은 버티포트에서 탑승해야 한다. 자동차는 교통체증이 있을 수는 있지만 도어 투 도어가 가능하다.

포르쉐 컨설팅의 연구에 따르면 10km 이내의 이동은 자동차가 eVTOL보다 빠를 것으로 보았다. 10~25km 정도의 이동 거리는 교통 상황에 따라 자동차가 빠를 수도 있고 eVTOL이 빠를 수도 있을 것으로 보았다. 25km 이상의 이동은 eVTOL이 자동차보다 빠를 것으로 보고 있다.

물론 이는 도시마다 차이가 있을 수 있다. 자동차가 아닌 다른 모빌리티까지 더해진다면 또 다를 수 있다. 하지만 공통된 결론은 UAM은 25km 수준 이상의 이동에 적합한 모빌리티라는 것이다.

서울만 놓고 생각해 봐도 마찬가지이다. 이용자 입장에서 서울 도시 내 이동에 UAM의 매력은 크지 않아 보인다. 물론 서울이 워낙 교통 인프라가 잘 되어 있기도 하지만 시청에서 강남까지 가는 10km 이내의 거리를 UAM으로 이용하지는 않을 것 같다. UAM을 준비 중인 기업들의 1회 평균 운항거리도 25km 이상인 점을 감안하면 기업들도 이에 맞게 노선을 설정할 것으로 예상할 수 있다.

한편 동남아시아 신흥국들에서는 비약적인 경제 성장률을 보이며 도시가 확장되고 신도시들이 건립되고 있다. 이런 도시들은 막대한 재정과 유지 보수비가 필요한 지상 교통 인프라와, 효과적이고 최소투자비만으로 구축 가능한 UAM 사이에서 접점을 찾을 가능성이 높다. 서울처럼 이미 메트로 교통이 촘촘한 도시와 달리 이런 신흥국 도시들은 다양한 선택지가 있는 것이다. 따라서 기존의 메가시티보다는 신흥국 도시들이 UAM 입장에서는 버티포트 입지를 확보하고 투자하기가 더 쉬울 수 있다.

넓어지는 생활 반경,
낮아지는 주거비용

앞서 우리가 UAM이 필요한 이유를 첫째로 이동 시간의 낭비 감소를 꼽았다. 이를 다른 각도로 접근하면 같은 시간에 이동할 수 있는 거리가 늘어난다고도 볼 수 있다. 이는 우리의 생활 반경이 넓어진다는 뜻이다. UAM은 궁극적으로 현재 전 세계적으로 해결해야 할 문제 중 하나인 높은 대도시 주거비용을 완화시켜 줄 수 있을 것이라고 본다.

우리는 왜 도시에 사는 것일까? 개인마다 차이는 있겠지만 가장 많은 이유는 바로 도시에 기회가 많기 때문이다. 그 기회는 직장일 수도 있고, 학교일 수도 있으며, 사업일 수도 있다. 어쨌든 사람이 많이 모일수록 여러 기회가 생기는 것은 당연하고, 이 같은 대도시 집중화 현상은 앞으로도 지속될 것이다.

UN 경제사회국(UN Department of Economic and Social Affairs)에 따르면 2018년 기준 전 세계 도시화율은 55.3%인데, 2050년에는

68.4%에 이를 것으로 전망한다. 즉 2050년이 되면 10명 중 7명은 도시에 산다는 말이 된다. 우리나라의 도시화율은 이미 81.5%인데, 2050년에는 86.2%에 달할 것이라고 한다. 이런 도시화 지표는 선진국의 경우 80%를 넘어선다.

도시에 사는 우리가 주거지를 고를 때 가장 먼저 고려하는 것은 아무래도 통근 시간일 것이다. 통근 시간은 교통 인프라가 결정한다. 즉 교통 인프라가 잘 되어 있으면 사람들의 생활 반경은 넓어진다. 다른 말로 하면 직장과 먼 곳에서도 살 수 있다는 뜻이다.

혼잡한 도시에서 자동차로 이동할 경우 40분 동안 약 20km를 이동할 수 있다. 물론 꽉 막힌 도로에서는 그마저도 보장하기 어렵다. 하지만 UAM은 같은 시간에 교통체증 없이 약 150km를 이동할 수 있다. 즉 그동안 주거지로 개발하기 어려웠던 곳도 주거지가 될 수 있다는 뜻이다. 물론 부동산 가치가 꼭 수요와 공급 법칙만으로 결정되는 것은 아니지만 공급이 증가하면 주거비용의 안정화에 큰 도움을 줄 것으로 예상된다.

UAM은 주거 형태의 다양화도 가능하게 해 줄 것으로 기대할 수 있다. 현재 우리나라의 주거지 개발은 천편일률적이라고 해도 과언이 아니다. 어디를 가도 비슷하다. 주거 형태도 대부분 아파트이다. 한정된 공간에 많은 사람이 거주하기 위한 어쩔 수 없는 선택이라고 생각된다. 뿐만 아니라 교통 인프라의 경제성을 따져 보더라도 좁은 공간에 많은 인구가 거주해야 유리하다. 그래야 철도나 지하철 인프라도 유지 가능하고, 버스 운영도 가능하기 때문이다.

UAM이 대중화되면 공간을 넓게 사용할 수 있게 되므로 군이 아파트 형태를 고집할 필요가 없어진다. 예를 들면 서울 근교에 전원주택 형태의 주거지를 개발할 수 있다. 이런 경우 기존의 철도, 지하철, 버스 같은 기존의 교통 인프라는 경제성 문제로 건설과 운영 자체가 어렵다. 하지만 UAM은 인프라 구축도 가능하고 경제성 있는 운용도 가능하다. UAM은 3차원인 공중을 이용하기 때문에 철도나 지하철 같은 교통수단보다 건설비용이 저렴하고, 한 번에 4~5명이 탑승하기 때문에 시간대별 수요에 따라 유연하게 운용이 가능하다는 점을 기억하자.

UAM은 도시를 더 크게 만들 것이다

    이동 수단의 발달은 도시의 크기를 넓혀 왔다. 같은 시간에 이동할 수 있는 거리가 늘어나니 당연한 결과라고 할 수 있다. 그동안 도시가 커지는 데 자동차와 철도의 발달이 큰 역할을 해 왔다는 것은 주지의 사실이다. 앞으로는 UAM이 그 역할을 할 것이다.

    조선시대 서울은 성곽으로 둘러싸인 정치/행정 중심인 한성부 도성 5부와 도성의 외곽 지역인 성저 10리로 이루어졌다. 10리는 약 4km의 거리이다. 사람이 걷는 속도가 대략 시속 4km이다. 아마도 조선시대 서울의 주요 직장은 도성 안에 있었을 것이다. 즉 조선시대 서울의 크기는 걸어서 1시간 내에 직장에 도달할 수 있는 곳까지라고 볼 수 있다.

    일제강점기에 철도가 부설되고 전차 노선이 건설되면서 서울의 크기가 확장되기 시작했다. 이후 자동차가 보급되고 지하철이 개통되면서 서울의 크기는 더욱 확장되었고 현재의 수도권이 형성되었다. 재미있는 사실은 현재 우리가 수도권으로 인식하는 지역들이 대략 자동차로 서울 주요 업무지구에 1시간 정도 걸리는 거리에 위치한다는 점이다. 주요 이동 수단으로 1시간 정도 이동할 수 있는 거리가 주거 지역을 결정하는 마지노선인 것으로 볼 수 있다.

UAM이 대중화되면 도시의 크기가 커질 것이라고 생각하는 이유도 이 때문이다. UAM을 이용하면 1시간 동안 최대 300km를 이동할 수 있다. 즉 주거 지역을 고려할 때 범위가 확 넓어질 수 있다는 것이다. 또 미래에는 ICT 기술의 발전으로 현재처럼 매일 출근할 필요가 없을 가능성이 높다. 그렇다면 멀리 사는 것에 거부감이 더 줄어들 것이다. UAM이 대중화된 미래의 도시는 분명 지금보다 넓어질 것이다. 어쩌면 도시라는 경계가 희박해질 수도 있다.

지역 균형 발전의 해결 방안이 될 UAM

UAM은 우리나라에서 해결해야 할 문제 중 하나인 지역 균형 발전의 해결 방안이 될 수 있다. 지방 인구 감소의 가장 큰 원인으로 불편한 교통 인프라를 들 수 있는데 UAM은 이를 해결해 줄 최적의 모빌리티이기 때문이다.

수도권 집중화로 인한 지방 인구 감소 문제는 어제 오늘의 일이 아니다. 과거 산업화 시대에는 농촌 지역에서 주변 도시 지역으로의 인구 이동이었지만 요즘은 지방도시마저도 인구가 감소하는 상황이다. 양질의 일자리가 수도권에 몰려 있는 데다 의료, 교육, 문화 등 각종 인프라를 누리기 편한 곳으로 이주하는 것은 당연한 일이다.

이런 문제를 해결하기 위해 정부에서 다양한 정책을 펴고 있지만 아직 뚜렷한 성과는 나타나지 않고 있다. 수년 전부터 양질의 일자리를 분산하기 위해 정부기관과 공기업 등 공공기관을 지방으로 이전하였지만 당초 기대한 효과가 나타났다고 보기는 어렵다. 직장이 지방으로 이전하더라도 가족 모두가 이주하지 않는 경우가 많고, 심지어 지방으로 가지 않으려고 이직하는 경우도 부지기수이다. 당초 기대했던 사기업의 본사 이전도 여전히 이루어지지 않고 있다. 기업 입장에서는 양질의 인재를 영입하기 위해 수도권에 머물 수밖에 없는 것이 현실이다. 오죽하면 사무직은 판교, 기술직은 기흥이 취업 마지노선이라는 뜻의 '취업 남방한계선'이라는 신조어가 생겼을까?

결국 지방도 수도권 수준의 인프라를 갖추는 것이 근본적인 해결 방안인데 이는 현실적으로 실행하기 어렵다. 지방 곳곳까지 철도나 도로를 설치하고 각종 인프라를 구축하는 것은 재정적으로 불가능에 가깝기 때문이다. 하지만 지방거점도시를 중심으로 UAM을 활용한다면 서울만큼은 아니더라도 현재보다는 나은 생활 환경을 만들 수 있을 것이라고 생각한다.

의료, 교육, 문화 등의 시설은 이용하는 사람이 많아야 구축될 수 있다. 수도권에 각종 생활 인프라가 집중되는 것도 결국 이용자가 많기 때문이다. 지방도 일단 거점도시를 중심으로 사람이 모이기 편하게 만든다면 양질의 생활 인프라 구축과 운영이 가능할 것이다.

사람이 모이기 편하게 하려면 이동이 편리한 교통 인프라를 구축해야 한다. 하지만 앞서도 말했듯이 지방에 수도권 수준의 철도나 도로 같은 인프라를 구축, 운영하는 것은 불가능하다. UAM은 수도권이나 지방이나 동일하게 구축, 운영할 수 있다. 일단 구축비용이 상대적으로 낮고, 탄력적인 운용이 가능해서 경제성이 충분히 나올 수 있기 때문이다.

사회적 수용성을 높이는 방법? ——
백문이 불여일견!

UAM이 대중화, 더 나아가서 자율비행까지 도달하기 위해서 극복해야 할 과제 중 하나는 바로 사회적 수용성이다. 아무리 안전하고 편리한 기술이라고 해도 대중이 받아들이지 못하면 성장이 늦어질 수 있기 때문이다.

역사적으로 새로운 교통수단에 대한 저항은 늘 있어 왔다. 19세기에 증기기관차가 처음 나왔을 때도 많은 사람이 소음, 연기 혹은 철도의 시각적 영향을 두려워했다. 자동차도 마찬가지이다. 1920년대에 자동차가 보급되기 시작할 때도 많은 사람이 자동차를 자유롭고 대중적인 교통수단으로 인식하기보다는 부자들의 장난감으로 인식하였다. 또 자동차로 인해 발생하는 교통사고 사망자 수의 증가를 두려워했다.

UAM도 마찬가지일 것이다. 그렇다면 사회적 수용성을 높이는 방법은 무엇이 있을까? 여러 가지가 있겠지만 결국 최고는 대중에게

UAM이 안전하고 조용하며 우리 사회에 편익을 줄 수 있다는 것을 지속적으로 보여 주는 것이다. 백문이 불여일견 아니겠는가.

직접 보여 주는 방법은 여러 가지가 있을 것이다. 시연행사를 하는 것도 방법이겠으나 지속적으로 보여 주는 데는 적합하지 않다. 공적인 영역에서 먼저 도입하는 방법도 있을 수 있다. 예를 들면 군용으로 먼저 활용하거나 의료용, 소방용 등으로 활용하는 것이다. 사실 이것은 이미 진행하고 있는 방안이기도 하다.

미 공군은 어질리티 프라임(Agility Prime) 프로그램을 2020년부터 시행 중이며, 이를 통해 소기업(Small Businesses)의 eVTOL 개발을 지원하고 있다. 어질리티 프라임은 군의 획득체계를 전통적인 방식에서 혁신하는 것이다. 예를 들면, 군에서 요구도가 나오고, 그 요구도에 맞추어 방산기업들이 군용기를 몇 년에 걸쳐 개발해서 납품하는 것이 전통적인 획득방식이라면, 어질리티 프라임은 일단 현재 다소 엉성하더라도 소기업들의 시제품이나 심지어 아이디어만 있어도 그것이 군에서 어떻게 쓰일 수 있을지를 보고 가능성이 있다면 재정적 지원을 해 주는 역발상적 제도이다.

기존의 획득체계가 대형복합기업과 방산기업들만의 리그였다면, 어질리티 프라임은 참신한 아이디어와 시제품을 갖고 있는 소기업들의 리그로 만들어 주었다. 어질리티 프라임이 속한 상위의 AFWERX 프로그램은 실제적으로 긍정적인 효과와 성과를 보여 준다. 가장 진도가 빠른 조비의 경우 이미 2대의 시제기로 미 공군을 대상으로 수익성 비행 테스트를 진행하고 있는데 2022년에는 8대,

2023년에는 10~30대를 추가로 공급할 계획이다.

국내의 경우 아직 공식적인 발표는 없지만 미국과 비슷하게 진행될 것으로 예상된다. 참고로 조비는 2024년 상용화를 목표로 하고 있다. 즉 대중을 상대로 한 상용화 이전에 군용으로 먼저 활용한다는 뜻이다.

의료용으로 활용하는 것도 한 가지 방법이다. 현재 응급 환자 수송에 닥터 헬기를 사용하고 있는데 소음 문제로 운용에 어려움이 있다. 실제로 전국 최초로 닥터 헬기를 도입했던 아주대병원은 2021년 3월 닥터 헬기 운용을 중단한 바 있다. 여러 이유가 있겠지만 운용비용과 소음 문제로 인한 항의가 컸을 것으로 추측된다.

eVTOL은 헬리콥터 대비 비용은 1/4 정도이고 소음은 100배 조용하기 때문에 충분히 대체 가능한 선택지가 될 수 있을 것으로 본다. 이렇게 eVTOL이 공적인 목적으로 안전하게 쓰인다면 대중의 사회적 수용성을 증대시키는 데 큰 도움이 될 것이다.

UAM이 바꿀
여행의 모습

UAM으로 인해 우리의 여행도 많은 변화가 있을 것으로 예상된다. 여행에 UAM을 이용할 수 있게 된다면 좀 더 빠른 시간에 멀리 이동할 수 있게 되고, 그동안 교통이 불편해서 갈 수 없던 곳도 갈 수 있게 되기 때문이다.

이동 수단의 발달로 여행의 형태 역시 달라져 왔다. 철도는 그동안 긴 시간을 들여서 가던 곳을 훨씬 짧은 시간에 갈 수 있게 해 주었고, 자동차는 빠를 뿐 아니라 자유로운 여행을 가능하게 해 주었다. 비행기는 지구 반대편까지 여행할 수 있도록 해 주었다.

나의 경험으로 보면, 내가 어린아이였던 1980년대에 우리 가족의 여행 이동 수단은 주로 기차였다. 물론 지금처럼 고속열차는 아니었지만 먼 거리를 여행할 때는 가장 편리한 교통수단이었을 것이다. 하지만 기차를 이용한 먼 거리 여행은 빈도수가 높지 못했다. 이동에 걸리는 시간도 문제였겠지만 지금처럼 전국 곳곳을 연결해 주지는 못했기 때문에 갈 수 있는 곳이 한정적이었다.

1990년대에는 주말이나 방학을 이용한 가족여행의 형태가 확연히 달라졌다. 바로 우리 집에도 자가용이라는 것이 생겼기 때문이다. 역시 지금처럼 고속도로가 뻥뻥 뚫려 있지는 않았지만 정해진 코스를 정해진 시간에 이동해야 하는 기차보다 여행의 자유도가 엄청나게 높아졌다. 철도가 연결되지 않아 갈 수 없던 곳도 자동차를 이용하면 편하게 갈 수 있었다. 당연히 여행의 횟수도 늘어났다.

2000년 이후에는 비행기를 이용한 해외여행이 대중화되었다. 상대적으로 가까운 일본, 중국, 동남아시아 국가들은 물론이고 미국, 유럽 등 먼 지역으로의 여행도 가능해졌다. 물론 국내 여행은 더 편리해졌다. 고속철도와 고속도로의 발전으로 전국 어디든 이동이 편리해졌기 때문이다. 과거에는 주말을 이용한 여행이 가까운 곳으로의 나들이 개념이었으나, 이제는 먼 곳까지도 주말에 다녀올 수 있게 되었다. 여행의 횟수 역시 늘어났다.

이처럼 우리의 여행은 그동안 엄청나게 발전해 왔다. UAM은 여기에서 조금 더 편리하고 빠른 여행을 가능하게 해 줄 것이다. 우리 가족은 주말에 종종 양양이나 강릉 같은 동해안에 다녀오는데 자주 교통체증 때문에 소요 시간이 많이 걸려 힘들어한다. 서울에서 동해안까지는 차가 안 막힐 경우 1시간에서 1시간 30분 정도 걸리는 여정이지만 차들이 몰리거나 교통사고로 인한 교통체증이 발생하면 4시간 이상이 걸리는 경우가 다반사이다.

특히 주말 저녁에 집으로 돌아올 때 차가 막히는 경우가 많은데 몸이 피곤한 상태에서 가다 서다를 반복하게 되면 비싼 요금을 지불하더라도 빨리 하늘을 날아서 집으로 가고 싶다는 생각을 하곤 한다. 어떨 때는 교통체증을 피해서 아예 하룻밤을 더 보내고 다음 날 오전에 차가 안 막힐 때 집에 가는 경우도 있다.

UAM을 이용하면 이런 불편이 사라질 수 있다. 서울에서 동해안까지 30분 정도면 갈 수 있기 때문이다. 물론 지금도 국내선 여객기를 이용하면 빨리 갈 수 있다. 하지만 UAM은 도심에서 먼 공항까지 갈 필요가 없다. 집과 목적지에 가까운 버티포트를 이용하면 되기 때문이다.

국내 여행뿐 아니라 해외여행도 달라질 것이다. 일단 공항까지 오고 가는 시간이 줄어들어 훨씬 편리한 여행이 될 수 있다. 1년에 한 번, 많아야 두 번의 휴가인데 출발지와 도착지에서 공항을 오가는 데 쓰는 시간이 줄어든다면 훨씬 알찬 여행이 될 수 있다. 물론 해외여행 역시 목적지 안에서 이동할 경우 UAM을 활용한다면 한정된 시간에 더 많은 여행지를 둘러볼 수 있다는 점에서도 우리의 여행을 획기적으로 바꿔 줄 것이다.

UAM으로 바뀔 여행의 모습은 단지 이동 시간을 줄여 주는 데 그치지 않을 것이다. 기존 모빌리티로는 갈 수 없던 곳으로도 갈 수 있다. 예를 들면 도로가 연결되어 있지 않거나 연결되어 있어도 접근하기 불편한 경치 좋은 곳일 수도 있고, 배로 다니기 힘든 섬이 될 수도 있다.

UAM은 현재는 비용이 비싸서 선뜻 하기 어려웠던 경험도 보다 많은 사람이 할 수 있게 도와줄 것이다. 예를 들면 현재는 헬리콥터를 이용해야 경험할 수 있는 미국 맨해튼 투어나 그랜드 캐니언 투어 등도 UAM을 이용하면 훨씬 저렴하게 경험할 수 있다. 이 정도 수준의 비행은 설계 난이도가 상대적으로 낮은 멀티콥터형 eVTOL로도 충분하니 실현 가능성은 훨씬 높을 것이다.

UAM을 이용한 관광상품을 개발하자

   하늘에서 아름다운 자연 경관이나 도시의 마천루를 감상할 수 있는 헬리콥터 관광은 누구나 경험하기에는 가격이 비싸다. 국내의 경우 경상북도 영덕에 가면 헬리콥터 투어를 할 수 있다. 사실 국내에서도 헬리콥터를 이용한 관광상품 개발은 여러 번 시도가 있었으나 매번 실패하였다. 아무래도 이용 가격이 비싸 수요 확보가 어려웠기 때문일 것이다.

   현재 유일하게 남아 있는 국내 헬리콥터 투어의 가격도 여전히 비싼 편이다. 10~20분간 동해안을 따라 관광하는 것이 대표 상품인데 4인 탑승할 경우 10분에 인당 15만 원이다. 울릉도나 독도 일주 코스도 있는데 가격은 역시 비슷하다.

   만약 이런 코스의 헬리콥터 투어를 eVTOL로 바꾼다면 가격을 4배 이상 낮출 수 있을 것으로 본다. 그렇다면 10분당 4만 원 수준으로 떨어져 보다 많은 사람이 이용할 것으로 생각된다. 관광용의 경우 가격 저항이 일반 교통수단일 때보다 낮은 경향이 있고, 혼자 타기보다는 여러 명이 함께 타기 때문에 탑승률도 높을 것으로 예상된다.

항공관광(Air Touring)에 많은 공을 들이고 있는 기업 중 하나는 중국 이항이다. 이항의 EH216은 멀티콥터 형식이면서 비행시간이 짧은데도 불구하고, 관광지를 공중에서 한 번 둘러보고 내려오기에는 비행시간이 부담 없고 그 시간만큼 요금도 낮아져 관광객들에게 오히려 매력적이기 때문이다. 몇 분 항공관광이 몇만 원, 1시간 항공관광이 몇십만 원이라면 대부분의 관광객은 짧더라도 적은 비용으로 eVTOL을 타고 하늘에서 '인생샷'을 찍어 자신의 소셜 미디어(Social Media)에 그 경험을 자랑할 것이기 때문이다.

모빌리티 혁신은 ———
전기차가 아닌 UAM에서 올 것

많은 사람이 미래 모빌리티의 혁신을 전기차와 자율주행차에서 찾고 있다. 하지만 나는 전기차는 혁신이라는 측면에서 UAM에 비해 부족하다고 보고, 자율주행차의 실현보다 UAM의 자율비행이 더 빠를 것으로 예상한다.

물론 전기차도 친환경이라는 측면에서는 분명 혁신이 맞다. 하지만 우리 삶을 어떻게 얼마나 바꿀 수 있는가 하는 점에서는 부족한 점이 있다고 본다. 내연기관차를 전기차로 바꾼다고 해서 교통체증이 사라지지는 않는다. 같은 거리를 더 빨리 갈 수 있는 것도 아니다. 같은 시간에 더 멀리 갈 수 있는 것도 아니다. 즉 현재의 내연기관차들이 전부 전기차로 바뀐다고 해서 우리 삶의 방식이 획기적으로 바뀌지는 않는다는 뜻이다.

일부에서는 전기차가 마치 스마트폰과 같은 혁신을 가져올 거라고 하지만 나는 동의하지 않는다. 전기차는 내연기관차에서 동력원을 바꾼 것일 뿐이기 때문이다. 스마트폰은 기존 전화기의 음성이나 메시지 기능에다 다양한 기능을 더하여 손바닥 안의 컴퓨터로 통째로 바꾼 혁신이 있었다.

UAM은 이동 수단이라는 측면에서 자동차와는 전혀 다른 사용자 경험을 제공한다는 점에서 우리 삶을 크게 바꿀 혁신적인 모빌리티가 될 것이라고 생각한다. 앞서 설명한 대로 주거의 형태부터 시작해서 공간의 가치, 라이프 스타일, 여행 등이 바뀔 것이다. 마치 스마트폰이 우리의 삶을 크게 바꾼 것처럼 말이다.

그렇다고 UAM이 전기차를 대체할 것이라는 뜻은 아니다. 일부 겹치는 수요에서는 대체 관계가 형성될 수 있겠지만 100% 겹치지는 않을 것이다. 미래의 모빌리티 환경은 ICT의 발전을 통해 여러 모빌리티가 공존하는 환경이지 하나의 모빌리티가 독점하는 것은 아닐 것이다. 즉 이동 거리에 따른 최적의 모빌리티를 사용자가 선택할 수 있게 될 것이다. UAM의 수요는 기존 모빌리티로는 물리적 한계나 비용의 제약으로 누리기 어려웠던 이동 수요가 클 것이며, 기존 모빌리티로도 이동에 불편함이 없었던 이동 수요가 UAM으로 대체되기는 어려울 것이다.

기술적 측면에서 전기차와 UAM은 같이 발전할 가능성이 높다. 일단 핵심 기술인 전기 모터와 배터리의 기술 발전이 동시에 적용되기 때문이다. 사실 개념에만 머물던 UAM의 실현 가능성이 높아진 것도 전기차의 빠른 발전이 있었기에 가능했다. 전기 모터나 배터리 기술은 현재도 많은 연구가 이루어지고 있고 앞으로도 기술의 진전을 이룰 부분이 많다. 이는 전기차와 UAM의 성능 향상에 모두 적용될 수 있다. 자동차의 자율주행이나 UAM의 자율비행에 관한 기술도 겹치는 부분이 많기 때문에 이 역시 같이 발전할 것으로 예상된다.

전기차와
eVTOL 비교

eVTOL을 전기항공기(Electric Aircraft)라고 해도 무방하다고 생각한다. 대중에게 친숙하게 다가가기 위해서는 오히려 전기항공기라고 부르는 것이 사회적 수용성 증대 차원에서 더 낫지 않을까 싶기도 하다. 내연기관차가 전기차로 바뀌는 것처럼 eVTOL도 마찬가지이다. 그래서 전기차와 eVTOL은 밀접한 관련이 있다. 애초에 eVTOL 개발이 속도를 내게 된 계기도 전기차의 발전과 궤를 같이 한다. 전기차 산업의 확대로 인한 전기 모터와 배터리 기술 발전으로 eVTOL 개발 속도도 빨라졌기 때문이다.

테슬라(Tesla)의 전기차 모델3와 조비의 eVTOL S-4를 비교해 보자. 일단 크기는 자동차인 모델3가 항공기인 S-4보다 당연히 작다. 전장(Overall Length)의 경우 모델3가 약 4.7m이고, S-4는 6.4m이다. 모델3의 전폭(Overall Width)은 1.9m, S-4의 날개길이(Wing Span)는 11.8m이다. 하지만 무게는 S-4가 모델3보다 약 5% 가볍다.

모든 항공기는 안전 기준 내에서 무조건 가볍게 만들어야 한다.

가격은 당연히 항공기인 S-4가 비싸다. 현재 S-4의 가격은 매겨지지 않았다. 아직 양산도 안 됐을뿐더러 조비는 외부에 판매하지 않고 직접 운용할 계획이다. 단, 대당 생산 비용이 130만 달러(약 15억 원)라고 밝힌 바 있다. 모델3는 4~5만 달러(5,000~6,000만 원) 수준이니 약 30배 비싸다고 보면 될 것이다.

배터리 용량은 S-4가 모델3보다 약 2배 크다. 전기 모터의 경우 토크 밀도는 6배, 출력은 3배 정도 크다. 아무래도 중력을 이겨 내고 수직이착륙을 해야 하기 때문에 자동차보다 에너지도 더 필요하고 모터의 힘도 더 강해야 하기 때문으로 이해할 수 있다.

	전기차 모델3	eVTOL S-4
배터리 용량	75kWh	2X
토크 밀도(모터+인버터)	10Nm/Kg	6X
추진 파워	335kW	3X
무게	1847kg	5% 가벼움

eVTOL은 전기차보다 배터리 용량도 크고 모터의 토크 밀도나 출력도 강하지만 무게는 전기차보다 가볍다.

자료 제공: Joby Aviation

자율주행보다 자율비행이 ──── 더 빠를 것으로 보는 이유

전기차가 모빌리티 측면에서 혁신이 부족하다고 주장하면 단순히 전기차가 아니라 전기차와 자율주행차의 조합이 진정한 혁신을 가져올 것이라는 반론이 나올 것이다. 동의한다. 자율주행차는 사람이 운전을 하지 않아도 된다는 점에서 분명 엄청난 혁신이 될 것이다. 운전에 낭비하는 시간에 다른 일을 할 수 있을 것이기 때문이다. 하지만 그렇게 된다 하더라도 자동차의 속도, 같은 거리를 이동하는 데 걸리는 시간과 같은 물리적 한계를 뛰어넘기는 힘들다.

무엇보다 자동차의 자율주행보다 UAM의 자율비행이 더 빨리 실현될 것이라고 생각한다. 가장 큰 이유는 도로는 통제가 불가능하지만 하늘은 통제가 가능하기 때문이다. 자율주행 혹은 자율비행 구현의 난제 중 하나는 우발상황 대처이다. 자율주행이 기술적으로 가능해진다 하더라도 법적으로 강제하지 않는 한 누군가는 스스로 운전을 할 것이다. 그렇게 되면 도로 위에서 수없이 우발상황이 일어나게 될 것이고 예측이 불가능한 경우도 자주 있을 것이다. 그만큼 자율주행이 구현되기까지는 많은 시간이 필요할 것이다.

반면 하늘은 그런 측면에서 자율비행 구현이 조금 더 쉬울 것이다. 현재도 하늘은 누구나 이용할 수 없으며 앞으로도 그럴 것이기 때문이다. UAM은 현재의 항공기들이 그렇듯 허가를 받은 사업자만이 운항할 수 있을 것이고 통제받을 것이기 때문이다. 즉 자율비행 기술을 적용하는 데 걸림돌이 될 수 있는 우발상황이 도로보다 현격하게 적을 것이다.

기술적으로도 자율비행은 자율주행보다 앞선다고 생각한다. 현재 우리가 마음 편히 이용하는 여객기만 하더라도 많은 부분이 오토파일럿에 의존하고 있다. 조금 과장되게 표현하면 자동이륙 기능만 없지 자동운항 및 자동착륙 기능은 이미 안정적으로 이용되고 있다. 물론 오토파일럿 기능으로 조종사가 아무런 역할을 하지 않는 것은 아니지만 많은 부분에 컴퓨터의 도움을 받고 있는 것은 사실이다.

군용기의 경우 자율비행은 더욱 많이 쓰이고 있다. 좀 더 정확히는 아직 원격조종이라 부르는 게 맞지만 조종사가 탑승하지 않고 지상에서 조종하는 것은 이미 실제로 쓰이는 기술이다. 미군이 보유하고 있는 원격조종 시스템은 타 지역에 배치된 무인항공기를 미 본토에서 운용하여 정찰, 공격 등의 임무 수행이 가능하다. 물론 보안수준이 높아서 많이 공개되지는 않았지만, 향후에는 원격조종마저 필요 없는 무인기 연구 개발이 이미 상당 부분 진척된 것으로 알려져 있다.

UAM의 대중화를 위한 걸림돌인 비용 문제를 해결하기 위해서는 결국 자율비행이 필요하다는 것을 누구나 알고 있다. 따라서 향후 기술 개발 방향은 자율비행으로 갈 것임이 명확하다. 현재도 기술적으로는 불가능하지 않다. 이미 몇몇 시연도 있었다. 한두 대 정도야 가능하지만 여러 대를 동시에 자율비행으로 한다는 건 또 다른 차원의 문제일 것이다. 현재 기술 로드맵을 봤을 때, 초기에는 조종사가 탑승하는 형태가 될 것이고, 이후에는 조종사가 탑승하지 않는 원격조종 그리고 궁극적으로는 AI로 대변되는 컴퓨터에 의한 조종이 될 것으로 예상된다.

UAM에 우주인터넷이 필요한 이유

우주인터넷으로 알려진 저궤도 위성통신은 지구 저궤도(약 300~1,200km)에 위성을 띄워서 통신에 활용하는 것을 말한다. 먼 미래에 벌어질 일이 아니다. 이미 스페이스X(SpaceX)와 원웹(Oneweb)은 베타 서비스를 하고 있고, 늦어도 2023년에는 정식 서비스가 상용화될 예정이다.

그렇다면 왜 우리는 저궤도 위성통신이 필요한 걸까? 이유는 저궤도 위성통신은 초공간이면서 빠르게 대용량의 데이터가 송수신할 수 있는 통신 환경을 제공해 주는 통신 인프라이기 때문이다. 이를 이해하기 위해서는 현재 우리가 어떤 통신 인프라를 이용하고 있는지 이해해야 한다.

현재 우리는 크게 2개의 통신 인프라를 활용하고 있다. 하나는 우리가 가장 많이 쓰는 4G, 5G 등의 지상 통신망이다. 지상 통신망의 단점은 빠르고 안정적인 반면 초공간이 안 된다는 것이다. 간단히 말해 우리가 비행기를 타고 이륙하면 스마트폰의 통신이 끊기는 것을 생각하면 된다. 일정 고도 이상은 지상 통신망이 닿지 않기 때문이다. 또 통신 인프라가 촘촘하게 구축되어 있는 우리나라에서는 체감하기 어렵지만 영토가 넓은 나라의 경우 전 국토에 기지국을 설치하는 것이 불가능하기 때문에 사람이 살지 않는 곳에서는 통신이 안 되는 경우가 있다.

또 하나의 통신 인프라는 바로 정지궤도 위성통신이다. 이는 지상 35,786km의 정지궤도에 위성을 띄워서 통신에 활용하는 것인데 지상 통신망과 달리 초공간 통신 서비스가 가능하다는 장점이 있다. 따라서 현재는 원양을 항해하는 선박에서 주로 사용한다. 단점은 통신 속도가 느리고 지연 시간도 길다는 것이다.

이 2가지 통신 인프라는 UAM의 자율비행에 사용하기 힘들다. 일단 지상 통신망은 초공간이 안 되기 때문에 어렵다. 물론 전혀 안 되는 것은 아니다. UAM이 운항할 고도인 300~500m에서는 지상 통신망이 도달하기도 한다. 하지만 안정성을 확보하기 어렵다. 정지궤도 위성통신은 초공간은 가능하지만 지연 시간이 길어서 사용하기 어렵다. 보통 정지궤도 위성통신의 지연 시간은 0.5초 정도 되는데 안전한 자율비행에는 사용하기 힘든 지연 시간이다. 통신 속도가 느린 점도 마찬가지이다. 많은 eVTOL을 통제하려면 대용량의 데이터가 송수신되어야 하기 때문이다.

저궤도 위성통신은 위성통신이기 때문에 초공간 통신 서비스가 가능하다. 지상 통신망보다는 느리지만 정지궤도 위성통신보다는 빠르다. 지연 시간도 정지궤도 위성통신보다 5~10배 정도 짧다. 위성 기술의 발전으로 향후 성능은 더 좋아질 것으로 예상된다. 즉 UAM에 충분히 활용 가능한 통신 인프라라는 뜻이다.

저궤도 통신위성은 6G 시대의 핵심 통신 인프라로 UAM의 자율비행에 큰 역할을 할 것이다.

자료 제공: 과학기술정보통신부

PART 3
UAM 시대
미리보기

다가올 UAM 시대를
미리 상상해 보자

UAM에 대한 많은 질문 중 하나가 "그래서 언제 타 볼 수 있나요?"이다. 상용화 시기는 지역별, 회사별로 다를 것이나 미국과 유럽은 2024년, 한국은 2025년을 목표로 준비하고 있다. 심지어 중국은 2022년이나 2023년에 상용화가 될 것으로 보이나 인증 기준이 다르고 eVTOL 성능도 다르기 때문에 유의할 필요가 있다. 어쨌든 2020년대 중반에는 UAM의 상용화가 이루어질 것으로 전망한다.

그렇다면 2020년대 중반 이후부터는 본격적인 UAM 시대가 펼쳐지는 것일까? 물론 시작부터 본격적이면 좋겠지만 아마도 단계적으로 확장될 것으로 예상된다. 가장 큰 이유는 안전 때문이다. 개발된 eVTOL을 실제 운용해 보면 예상치 못한 문제점이 발생할 수 있기 때문에 이를 하나씩 해결해 가면서 단계적으로 확장해야 할 것이다. 뿐만 아니라 원활한 운용을 뒷받침해 줄 기술 발전도 함께 이루어져야 하고, 제도적 문제 해소와 더불어 사회적 수용성 증진도 필요하다.

　한편으로는 eVTOL 제작사들이 시장 수요를 감당할 만큼 eVTOL 을 대량 양산해 주어야 하는데, 항공기는 아직까지 자동차처럼 생산성이 좋지 않다. 그 이유는 항공안전이 최고 가치이므로 생산 공정과 품질보증 활동이 매우 다단계이고 반복적이며 소급적이기 때문이다.

　UAM 서비스의 형태는 하늘을 이용하는 모빌리티라는 큰 틀에서는 동일하겠지만 세부적으로는 지역별로 다를 것으로 예상된다. 지역에 따라 삶의 방식이나 도시 구조가 다르기 때문이다. 예를 들어 아파트에 주로 거주하는 우리나라와 단독주택에 주로 거주하는 미국의 경우를 비교하면 이용자들의 편의성을 고려한 버티포트의 입지가 다를 것이다. 도시 구조에 따라서도 구축 가능한 도심의 버티포트 입지가 다를 것이고, 기후나 공역 설정 문제 등도 UAM 서비스의 형태가 달라지는 변수로 작용할 수 있다.

　UAM에 대한 이해도 증진을 위해서 다른 지역의 UAM이 어떤 모습으로 실현될지에 대해 예상해 보는 것은 도움이 된다. 하지만 우리 삶에 직접적인 영향을 미치는 우리나라의 UAM에 대해 먼저 예상해 보는 것이 더 중요하고, 나아가서는 UAM에 대한 사회적 수용성도 높일 수 있다.

　따라서 이번 파트에서는 우리나라의 UAM이 어떻게 구현될지에 대해 예상해 보고자 한다. 이는 2021년 6월과 9월에 UAM 팀 코리아에서 발간한 「한국형 도심항공교통 기술로드맵」과 「한국형 도심항공교통 운용개념서 1.0」의 주요 내용에 나의 예상을 더한 것이다.

K-UAM 단계별 발전에 따른 주요 지표

항목	초기 (2025년~)	성장기 (2030년~)	성숙기 (2035년~)
기장 운용	On Bord	Remote 도입	Autonomous 도입
교통 관리 체계	UAM 교통 관리 서비스 제공자 역할 단계적 확대, 항공교통관제사 참여 단계적 축소		
교통 관리 자동화 수준	자동화 도입	자동화 주도 및 인적 감시	완전 자동화 주도
회랑 운영 방식	고정형 회랑	고정형 회랑망	동적 회랑망
항공 통신망	상용이동통신(4G, 5G), 항공음성통신	상용이동통신(5G, 6G), 저궤도위성통신, C2 LINK 등	
항법 시스템	정밀위성항법	정밀위성항법 + 영상기반 상대항법	복합상대항법
버티포트 입지 및 형태	수도권 중심 버티포트	수도권 및 광역권 중심 버티포트	전국 확대

자료 제공: UAM 팀 코리아

UAM 팀 코리아는 무엇인가?

    UAM 팀 코리아는 2025년 UAM 상용화를 목표로 하는 한국형 도심항공교통(K-UAM)의 로드맵을 추진하기 위해 국토교통부 주관으로 2020년 6월 발족된 민관 참여 협의체이다. 발족 당시 정부/업계/학계 등 총 37개 기관이 참여했으며, 2021년 12월에 10개 기관이 추가로 참여하여 현재 총 47개 기관이 참여 중이다.

    UAM 팀 코리아는 모빌리티 서비스 제공, 인프라 구축, 전문인력 양성 등 다양한 분야의 전문성과 성과를 공유하며, 협력과 경쟁으로 한국의 UAM 현실화에 앞장서고 있다. 발족 이후 기술로드맵 보고서와 운용개념서를 발표하였고, 두 번의 UAM 비행 시연 행사도 수행하였다.

    향후 UAM 팀 코리아는 기술로드맵 보고서에 담긴 추진과제를 이행할 것인데, 2023년부터는 UAM 상용화 전 안전성을 검증하고 국내 여건에 맞는 운용 개념과 기술 기준 마련을 위한 민관 합동 실증

사업인 K-UAM 그랜드 챌린지를 진행할 예정이다.

그랜드 챌린지 1단계 실증 사업은 2023년부터 전남 고흥군 국가종합비행성능시험장에서 사전시험을 통한 UAM 기체와 통신 체계 안전성을 확인하고, K-UAM 교통 체계 통합 운용 실증을 진행할 계획이다. 2024년 2단계 실증은 2025년 최초 상용화가 예상되는 노선을 대상으로 공항과 준도심/도심을 연결하는 UAM 전용 하늘길에서 상용화에 버금가는 시험비행을 추진할 예정이다.

UAM 팀 코리아 조직도

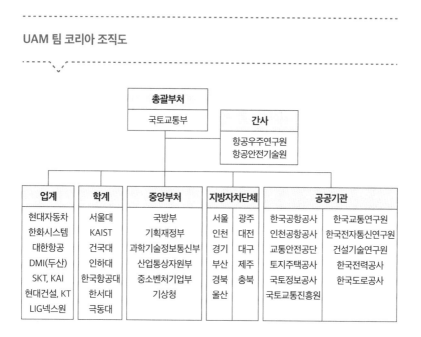

초기(2025년~)
누구나 이용하기에는
부담되는 UAM

　현재 정부의 목표는 2025년에 UAM을 상용화하는 것이다. 하지만 현재 기업들의 eVTOL 개발 스케줄을 감안했을 때 국내에서는 이르면 2026년부터 상용화될 것으로 예상된다. 국내 기업의 경우 한화시스템과 현대차그룹에서 eVTOL을 개발 중이다. 한화시스템은 미국의 오버에어에 투자하여 공동으로 개발하고 있는데, 2025년에 미국 FAA의 형식인증을 마치고 2026년부터 상용화하는 것이 목표이다. 현대차그룹은 현대차, 현대모비스, 기아가 공동 출자하여 미국에 설립한 슈퍼널(Supernal)을 통해 eVTOL을 개발하고 있는데 2024년에 FAA에 형식증명을 신청하고 2028년에 기체를 공개하는 것이 목표이다.

　물론 해외 기업의 eVTOL을 먼저 도입해서 계획대로 2025년에 상용화할 수도 있다. 예를 들면 2021년 11월 카카오 모빌리티와 MOU를 맺은 볼로콥터의 멀티콥터형 eVTOL인 볼로시티가 국내 첫

UAM 기체가 될 수도 있다. 실제로 볼로시티는 2022년 말에 EASA 로부터 형식증명을 받는 것을 목표로 하고 있다.

하지만 볼로시티는 멀티콥터형 eVTOL로 성능이 제한적인 점을 감안해야 한다. 볼로시티의 속도는 시속 90km, 항속거리는 35km 이며 조종사 포함 2명 탑승 가능하다. 볼로콥터에서는 배터리 기술 발전으로 2024년에는 항속거리가 65km 수준으로 증가할 것으로 예 상한다. 어쨌든 우리는 이르면 2025년, 늦어도 2026년에는 UAM 서 비스를 실제로 경험할 수 있을 것이다.

지역적으로는 서울에서 먼저 운영될 것이고, 용도는 공항 서틀이 될 것으로 보인다. 즉 서울 도심 지역과 인천/김포공항을 연결하는 노선이 국내 첫 UAM 서비스가 될 것이다. 첫 서비스를 공항 서틀로 하면 좋은 점은 기본적인 수요 확보가 용이하다는 것이다. 코로나19 이전인 2019년 인천공항의 일평균 이용객 수는 17만 명, 김포공항은 4만 명이었다. 그중 아주 일부만 UAM을 이용하더라도 초기 수요는 충분할 것이다. 뿐만 아니라 공항 이용객들의 경우 가격저항이 낮은 수요(예: 비즈니스 목적)가 많다.

초기 버티포트는 네 곳으로 시작할 것으로 보인다. 일단 인천/김 포공항 근처에 각각 1개씩 지어질 것이고 도심에 두 곳이 지어질 것 이다. 도심 버티포트 부지로 현재 확정적인 곳은 잠실운동장 부지이 다. 이곳은 '잠실 스포츠/MICE 복합공간 조성 민간투자사업' 지역인 데 총 사업비 2조 원 규모로 컨벤션시설, 복합레저시설, 호텔 등을 건 설할 예정이다.

현재 한화 컨소시엄이 개발 우선협상대상자로 선정되었고 계획대로 진행되면 이곳에 버티포트도 건설될 것이다. 추가 버티포트는 여의도공원 혹은 용산에 지어질 현대차 UAM 연구시설이 될 것으로 예상된다. 물론 향후 버티포트 숫자는 증가할 것이다.

초기 노선은 2개가 운영될 예정이다. 인천공항과 도심 그리고 김포공항과 도심을 연결하는 노선이 될 것이다. eVTOL이 날아다니는 하늘길을 회랑이라고 하는데 초기에는 고정형 회랑 방식으로 노선이 운영될 것이다. 고정형 회랑은 말 그대로 회랑이 고정되어 있다는 뜻이고 eVTOL은 그 회랑으로만 운항할 수 있게 된다. 회랑은 서로 교차하지 않고 독립적으로 설정될 것이다. 아무래도 초기에는 UAM 교통 관리 체계(UATM)가 완전하지 못할 것이기 때문에 안전을 위한 조치라고 생각하면 될 것이다.

초기에는 1명의 조종사가 탑승하여 eVTOL을 조종하게 된다. 아무래도 초기에는 안전 문제 및 관련 인프라 기술 문제로 eVTOL 조종이나 UAM 교통 관리에 사람이 개입하는 비중이 높을 것이다. 또 야간에는 eVTOL의 운항이 어려울 가능성이 높다. 안전 확보를 위해 초기에는 시계비행(Visual Flight Rules, VFR)만 허용될 것이기 때문이다. 하지만 시계비행이라고 해서 일출 후부터 일몰 이전까지 모두 가능한 게 아니다. 날씨가 흐리거나 미세먼지로 전방 시정이 VFR 기준보다 짧거나 구름 하단과의 수직 거리가 기준보다 짧으면 주간이라도 비행을 할 수 없다.

상용화 초기 UAM 이용 가격은 km당 3,000원 수준으로 예상된다. 그렇다면 인천공항에서 잠실까지 이동하는 데 약 15만 원의 비용이 들 것으로 볼 수 있다. 일반 택시를 이용한다고 하면 약 7만 원 수준이니 택시보다 약 2배 비싸다고 볼 수 있다. 하지만 소요 시간은 최대 6배 빠를 것으로 예상된다. 즉 택시를 이용하면 약 1시간, 차가 막히면 그 이상도 걸릴 수 있는데 UAM을 이용하면 10~15분이면 충분하다. 즉 초기 UAM 이용 수요는 2배의 비용을 지불하더라도 빠른 이동이 필요한 수요를 타깃으로 할 것이다.

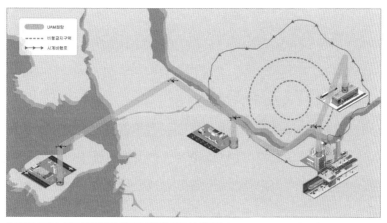

초기의 UAM 노선은 한강 헬기 회랑을 이용할 것으로 예상된다.　　　　　자료 제공: UAM 팀 코리아

UAM 타고 ──────── 골프 치러 가자

원래 모든 신기술의 초기 가격은 비쌀 수밖에 없다. 지금은 초등학생들도 사용하는 개인용 휴대전화기가 불과 30년 전에는 소수만 사용할 수 있는 비싼 서비스였다.

UAM도 마찬가지일 것이다. 상용화 초기에는 비쌀 수밖에 없다. 비싼 가격을 고려하면 이용 가능한 수요는 한정적일 것이다. 따라서 초기에는 비싼 가격을 주고도 이용할 수 있는 계층을 타깃으로 상용화가 될 것으로 예상된다. 앞서 설명한 공항을 이용하는 비즈니스 수요가 그중 하나일 것이다.

골프장과 연계한 UAM 사업도 가격이 비싼 초기에는 충분히 상업성이 있을 것으로 예상된다. 기본적으로 골프라는 운동 자체가 소득수준이 높은 계층이 많이 즐긴다는 점에서 비싼 가격을 수용할 수 있는 수요가 충분할 것으로 예상되고, UAM을 이용한다면 같은 시간에 좀 더 멀리 있는 골프장도 이용할 수 있다는 장점이 있기 때문이다.

또 골프장 근처는 버티포트를 짓기도 수월할 것이다.

예를 들어 서울에서 약 100km 떨어진 홍천의 골프장을 간다고 하면, 자동차로 이동할 경우 1시간 30분 정도 소요된다. 왕복으로 하면 3시간이다. 물론 차가 막히는 경우가 더 많으니 왕복 이동에 4시간 이상 걸려서 웬만해서는 가기 어렵다. 하지만 UAM을 이용하면 20분이면 충분하다. 왕복으로도 40분이다. 물론 차가 막힐 일은 없다.

성장기(2030년~)
부담은 되지만 상황에 따라 이용할 수 있는 모빌리티

2030년쯤 되면 UAM은 우리 삶에 조금 더 가까이 들어오게 될 것이다. 일단 노선 수가 늘어나고 이용 가격은 저렴해질 것이기 때문이다. 누구나 부담 없이 이용하는 모빌리티가 되기엔 아직 부족하지만 상황에 따라 이용할 수 있는 모빌리티가 될 수 있다.

현재 계획으로는 2030년경 버티포트는 24개, 노선 수는 22개가 될 것으로 전망한다. 지역으로는 수도권 중심으로 확장될 것으로 보이고 수도권 외 지역으로는 부울경 메가시티에 버티포트와 노선이 생길 것으로 예상된다. 공항 셔틀로 사용하던 것이 이제는 도시 내 이동 혹은 도시 간 이동에도 UAM을 이용할 수 있게 될 것이다.

이용 가격은 초기보다 저렴해질 것이다. 「한국형 도심항공교통 기술로드맵」 보고서에 의하면 이 시기 UAM 이용 가격은 km당 2,000원 수준으로 상용화 초기보다 약 33% 저렴해질 것으로 전망한다. 이렇게 되면 일반 택시 요금보다 약 40% 비싼 수준인데 시간 가치를 고려하면 일반인들도 상황에 따라 충분히 이용해 볼 만하다.

이렇게 UAM 노선 수가 많아지고 이용 가격이 낮아질 수 있는 가장 큰 배경은 eVTOL 생산 대수 증가에 있을 것이다. 현재 주요 eVTOL 업체들은 2030년 이후에는 업체별로 연간 1,000~2,000대 수준의 양산을 목표로 하고 있다. 양산 대수가 증가하면 규모의 경제 효과로 대당 가격이 낮아지는 것은 자명하다.

항법의 발달도 노선 수 증가 및 UAM 이용 가격 하락에 일조할 것이다. 2030년 이후에는 저궤도 통신위성의 발전으로 UATM도 좀 더 고도화될 것이다. 이는 더 많은 eVTOL 운항을 가능케 할 것이고 자동화 비중도 상승할 것이다.

이 시기에는 영상기반 상대항법이 적용될 것으로 예상되는데 eVTOL의 위치를 다른 객체의 위치 정보로부터 추정하는 항법이다. 이는 eVTOL로부터 획득된 영상 정보를 통해 특정 공간을 식별하고 해당 공간의 공간 정보로부터 자신의 위치를 추정하는 방법으로 전파항법을 사용할 수 없는 환경에서 유용한 항법이다. 회랑 구조도 초기 고정형 회랑에서 고정형 회랑망으로 발전할 것이다. 이는 회랑 간의 중첩이 가능해지기 때문에 노선 수 증가로 이어질 것이다.

완전 자율비행 구현은 어렵겠지만 부분적인 자율비행은 가능해질 것으로 전망한다. 일종의 원격조종이라 할 수 있는데 곧바로 적용되기는 어렵겠지만 관련 기술의 발전 정도에 따라 부분적으로 시행이 가능해질 것으로 예상된다. 예를 들면 현재 군용 무인기를 조종하듯이 지상에서 eVTOL을 조종하는 방법이 적용될 수 있다는 뜻이다.

서울 근교
전원주택 활성화

　예측대로 2030년쯤부터 UAM의 노선/버티포트 수가 증가하고 요금도 택시보다는 비싸지만 상황에 따라 이용할 수 있는 수준이 된다면 충분히 우리 삶에 변화를 줄 수 있을 것이다. 일단 UAM을 이용할 수 있을 만큼의 충분한 소득이 있고 매일 출근하지 않아도 되면서 도심이 아닌 교외에서 살고 싶은 사람들이 시도해 볼 것으로 생각한다. 이들을 대상으로 서울 근교에 전원주택 단지를 개발한다면 충분히 수요가 있을 것이다.

　예를 들면 서울 주요 도심 지역에서 30km 정도 떨어진 경기도 양평이나 가평 같은 곳에 버티포트를 갖춘 전원주택단지를 개발한다면 개인의 성향에 따라 다를 수는 있겠지만 충분히 이주할 만한 가치가 있을 것이다. 30km 정도의 거리면 km당 2,000원으로 계산했을 때 편도로 약 6만 원 정도의 요금이 발생할 것이다. 물론 부담스럽지 않은 가격은 아니지만 서울의 살인적인 주거비를 감안하면 고려해 볼

만하다.

이와 같은 상황이 되려면 매일 출근하지 않아도 되는 것이 중요한데 현재 노동환경의 변화를 본다면 불가능한 일이 아닐 것으로 여겨진다. 코로나19로 많은 기업에서 재택근무가 활성화되었고 메타버스가 더욱 발전한다면 웬만한 업무는 굳이 출근하지 않아도 수행할 수 있을 것이기 때문이다. 매일 출퇴근해야 한다면 부담되는 가격이지만, 예를 들어 1주일에 한두 번 출근한다면 누군가는 충분히 부담할 정도의 가격이라고 생각할 수 있다.

주거의 질도 마찬가지이다. 도심에 거주하기 위해서는 결국 아파트에 거주할 수밖에 없다. 만약 같은 가격 혹은 더 낮은 가격으로 아파트가 아닌 마당도 있고 넓은 주택에 거주할 수 있다면 사람들의 주거에 대한 선택지가 넓어질 것이다. 물론 모든 사람이 같은 생각을 하지는 않을 것이다. 하지만 도시 생활에 지친 일부 사람이라도 새로운 주거 환경을 찾아 떠난다면 우리의 주거 환경은 달라질 수 있을 것이다.

성숙기(2035년~)
누구나 이용할 수 있는 필수 모빌리티

　2035년 이후에는 UAM이 어느덧 필수 모빌리티로 자리 잡고 우리 삶을 크게 바꿀 것으로 예상된다. 노선 수와 버티포트 수가 크게 증가하고 항법의 발전으로 자율비행이 구현되어 이용 가격은 현재 일반 택시 가격보다 저렴해질 수 있을 것이다.

　UAM이 누구나 이용할 수 있는 모빌리티가 되려면 자율비행 구현이라는 산을 꼭 넘어야 한다. 딜로이트(Deloitte)의 조사에 따르면 전문가들의 82%가 2034년부터 제한적인 자율비행이 시작되고 2042년에는 완전자율비행이 구현될 것으로 예상한다. 자율비행은 기술 발전은 물론이고 규제 문제 그리고 무엇보다 사람들이 믿고 탈 수 있는 사회적 수용성이 함께 해야 하는 문제이기 때문에 점진적으로 발전할 것으로 예상된다.

　어쨌든 전문가들의 예상대로 2040년 이후 완전자율비행이 가능해지면 UAM은 누구나 이용할 수 있는 필수 모빌리티로 자리 잡을 수 있을 것이다. 「한국형 도심항공교통 기술로드맵」 보고서에 따르면 완전자율비행이 가능해지면 UAM 이용 가격이 km당 500원 수준으로 하락할 것으로 예상된다. 이렇게 되면 현재 기준 일반 택시 요금보다 절반 정도 싼 수준이다.

항법의 발달로 UAM 노선 수도 크게 증가할 것이다. UAM 회랑 구조는 2035년부터 동적 회랑망이 가능할 것으로 보인다. 고정형 회랑과 달리 동적 회랑은 승객이 UAM 서비스를 요청할 때마다 새롭게 만들어지는 회랑을 의미한다. 즉 이전에는 UAM이 현재의 여객기 노선처럼 정해진 구간을 정해진 시간에 운항할 수 있었다면, 이후에는 현재의 택시처럼 승객이 이동을 요청하면 거기에 맞는 회랑이 생성되어 원하는 시간에 이동할 수 있게 되는 것이다. 「한국형 도심항공교통 기술로드맵」 보고서에 따르면 2035년 UAM 노선 수는 203개로 5년 전보다 약 10배 증가할 것이라고 한다.

버티포트 수도 크게 증가하여 전국적인 UAM 서비스가 이루어질 것으로 예상된다. 「한국형 도심항공교통 기술로드맵」 보고서는 2035년 버티포트 수가 52개로 5년 전보다 2배 이상 증가할 것으로 예상한다. 자율비행이 가능해지면 버티포트의 수뿐만 아니라 종류도 다양해질 것이다. 정해진 시간에 정해진 항로를 운항하는 것이 아니라 이용자가 요청한 시간에 원하는 항로로 이동하는 유연한 UAM 운용이 가능해진다면 기존에는 수요가 적어 경제성이 나지 않아 UAM 운항이 어려웠던 지역에도 최소한의 기능을 가진 규모가 작은 버티포트를 여러 개 설치할 수 있을 것이기 때문이다.

eVTOL 제작사는 ────
몇 개나 살아남을까?

　현재 수직비행협회(VFS)가 운영하는 일렉트릭 브이톨 뉴스 (Electric VTOL News)에 등재된 eVTOL 프로젝트는 총 460개이다. 구체적으로는 벡터드 쓰러스트 형식이 205개, 리프트 플러스 크루즈 형식이 99개 그리고 멀티콥터 형식이 156개이다. 460개란 숫자만 보면 매우 많은 곳에서 개발이 진행 중인 것으로 보이나 실상은 조금 다르다. 460개 중에는 이미 개발이 끝나서 다음 단계로 넘어간 프로 젝트도 있고 콘셉트 디자인 단계에서 멈춘 프로젝트도 있다.

　글로벌 항공우주산업 전문 언론인 에비에이션 위크(Aviation Week)는 SMG 컨설팅과 함께 AAM 현실성 지수(AAM Reality Index)를 발표하는데, 이에 따르면 현재 24개의 프로젝트가 유의미 한 투자도 받고 실제 개발도 진행 중인 것으로 볼 수 있다. 즉 현재 현 실 가능성이 높은 eVTOL 개발 기업은 24개라는 뜻이다. 그럼 UAM 이 대중화될 것으로 예상하는 2040년쯤에는 과연 몇 개의 회사가 살아남을까?

미래는 알 수 없지만 현재 여객기와 자동차 시장의 경쟁 구도를 참고하면 eVTOL은 그 중간쯤에 위치할 것으로 여겨진다. 여객기 시장은 현재 보잉(Boeing)과 에어버스가 거의 대부분을 차지한다고 해도 과언이 아닌 과점시장이다. 물론 처음부터 그런 것은 아니었다. 시장이 성숙하면서 자연스럽게 도태되는 업체가 나오고 합병이 이루어지면서 그렇게 된 것이다. 자동차도 마찬가지이다. 자동차 시장은 상위 10개 그룹이 70~80% 시장을 차지하고 있다.

eVTOL 산업은 항공기와 자동차의 특성이 혼합되어 있다. 그렇게 따지면 궁극적으로는 5개 정도로 재편될 것으로 예상된다. 참고로 2021년에 컨설팅 업체인 맥킨지는 AAM 섹터가 최소 5개에서 최대 10개 사이의 eVTOL 기업들로 안착할 것으로 예상한 바 있다.

PART 4
패권을 차지하기 위해
전력 질주 중인 기업들

조비
(Joby Aviation)

사명	조비(Joby Aviation)
설립 연도	2009년
본사 소재지	미국
CEO	조벤 베버트(JoeBen Bevirt)
누적 투자금	18억 4,460만 달러(약 2.2조 원)
상장	NYSE(티커: JOBY)
직원 수	1,000명
주요 파트너	토요타, 우버, 토레이, 리프

eVTOL 모델명	S-4
형식	벡터드 쓰러스트
탑승 인원	5명(조종사 1명 + 승객 4명)
운항속도	320km/h
항속거리	240km
소음	65dBA(100m), 40dBA(500m)
상용화 목표	2024년
인증 기관	FAA(미국)
비고	시제기로 감항인증 중

조비의 S-4   자료 제공: Joby Aviation

    조비의 창업자이자 CEO인 조벤 베버트가 헬리콥터처럼 수직으로 뜨고 내릴 수 있는 비행기를 만들고 싶다는 생각을 한 것은 초등학교 2학년 때였다. 당시 그의 집과 학교는 약 7km 떨어져 있었는데 그 먼 길을 걸어 다녔다. 매일 왕복 14km를 걸어 다니는 것은 성인에게도 힘든 일인데 초등학교 2학년에게는 얼마나 힘들었을지 생각하면 그가 왜 그런 생각을 했는지 이해가 간다.

1992년 조벤 베버트는 대학교(UC 데이비스)에 진학했고 거기에서 개인용 수직이착륙기(Personal Vertical Take-Off Landing)를 연구하는 폴 몰러(Paul Moller) 교수를 만났다. 하지만 조벤 베버트는 내연기관으로는 그가 어릴 적부터 꿈꾸던 VTOL(Vertical Take-Off Landing)을 구현하기 어렵다는 결론을 내리게 되었다. 내연기관으로는 소음 문제를 해결하기 어렵기 때문이었다. 그래서 그는 소음 문제를 해결할 수 있는 배터리를 이용한 VTOL 연구를 하였다. 하지만 이 역시 당시 배터리 기술로는 어렵다고 결론을 내리고 로보틱스(Robotics)를 공부하였다.

조벤 베버트는 1997년 스탠포드대학교에서 기계공학설계(Mechanical Engineering Design) 석사과정을 마친 뒤 두 번의 창업과 매각을 통해 번 돈으로 2009년에 6명의 엔지니어와 함께 캘리포니아주 샌타크루즈의 헛간에서 조비를 창업했다. 드디어 그가 어린 시절에 꿈꾸던 새로운 항공기 개발을 시작하게 된 것이다. 물론 당시에도 배터리 기술은 충분하진 않았지만 기술 발전 속도를 감안하면 가까운 미래에는 그가 꿈꾸던 eVTOL을 만들 수 있을 것이라고 생각했다. 참고로 사명인 조비는 조벤 베버트의 어린 시절 이름이고, eVTOL이라는 용어도 조벤 베버트가 처음 사용한 것이다.

조비는 2012년부터 NASA의 전기비행 프로젝트(X-57 Maxwell/NASA LEAPTech)에 참여하였는데, 이 과정에서 핀터레스트(Pinterest)의 창업자인 폴 시아라의 관심을 끌게 되었다. 결국 폴 시아라는 조비의 첫 번째 외부 투자자(시리즈 A 펀딩)가 되면서 조비에 합류했다. 참고로 폴 시아라는 현재 조비의 이사회 의장을 맡고 있고 10%의 지분을 보유하고 있다.

조비는 폴 시아라의 투자금을 바탕으로 2015년에 축소모형기(Subscale Prototype) 개발을 완료하고, 2017년에는 전기체 시제기(Full-scale Prototype) 개발에 성공했다. 조비에 따르면 축소모형기는 700회 이상, 전기체 시제기는 200회 이상의 비행 테스트를 하였다고 한다.

2018년에는 1억 달러(약 1,200억 원) 규모의 두 번째 외부 투자(시리즈 B 펀딩) 유치에 성공했다. 주요 투자자는 인텔 캐피탈(Intel Capital), 토요타 AI 벤처(Toyota AI Ventures), 제트블루 테크놀러지 벤처(Jetblue Technology Ventures) 같은 반도체/자동차/항공사들의 벤처 투자 자금과, 테슬라와 스페이스X의 초기 투자자로 유명한 카프리콘 투자 그룹(Capricorn Investment Group)이었다.

2019년에는 드디어 생산 시제기(Production Prototype) 개발을 완료하고, 이를 통해 FAA의 공식적인 인증 절차에 돌입했다. 전략적 투자자인 토요타와 eVTOL 제작 및 생산에 대한 협업도 시작하였고 우버의 UAM 파트너도 되었다.

2020년 1월 조비는 5억 9,000만 달러(약 7,000억 원) 규모의 세 번째 외부 투자(시리즈 C 펀딩) 유치에 성공했고, 이를 통해 UAM 업계 최초로 유니콘(Unicorn, 10억 달러 이상의 가치로 평가되는 스타트업)이 되었다. 리드 투자자는 바로 토요타 자동차였다. 토요타는 전체 투자금의 약 67%인 3억 9,400만 달러(약 4,700억 원)를 투자하였다. 기존 투자자들 역시 참여하였고, 혁신 기업에 장기 투자하는 것으로 유명한 자산운용사인 영국의 베일리 기포드(Baillie Gifford)가 신규 투자자로 참여하였다.

2020년 12월에는 우버의 UAM 사업부인 우버 엘리베이트 인수를 발표하였다. 재미있는 사실은 우버가 이번 매각으로 조비에 대한 투자를 늘렸다는 점이다. 이 발표를 통해 드러난 사실 중 하나는 우버가 이미 조비에 대해 2020년 5월 5,000만 달러(약 600억 원)를 투자했는데 여기에 7,500만 달러(약 900억 원)를 추가로 투자한다고 밝힌 것이다. 우버는 조비에 총 1억 2,500만 달러(약 1,500억 원)를 투자한 것이다.

이는 우버가 UAM 사업을 포기한 것이 아니고 조비와 파트너십을 강화하여 사업을 전개할 것이라고 보는 것이 맞다. 실제로 조비는 향후 우버의 애플리케이션과 연계할 계획이라고 발표하였다. eVTOL은 자동차처럼 도어 투 도어 서비스가 불가능하기 때문에 사용자 편의성을 극대화하기 위해서는 우버의 지상교통 서비스가 필요하다. 우버의 지상 운송 서비스와 조비의 항공 운송 서비스가 연계되면 사용자 입장에서는 한 번의 요청으로 끊김 없는(Seamless) 모빌리티 서비스를 누릴 수 있다.

조비는 eVTOL 제작사 중 최초로 미 공군으로부터 초기 감항승인(The Initial Airworthiness Approval)을 받았다. 이는 미 공군이 소규모 기업의 eVTOL 개발과 인증을 지원하기 위해 2020년 2월부터 시작한 프로그램인 어질리티 프라임의 일환이다. 이를 통해 조비는 미 공군에 eVTOL의 다양한 비행 데이터를 제공하고, 일정 부분 수익도 창출하고, 미 공군의 핵심 연구 시설과 장비를 이용할 수도 있게 되었다.

뿐만 아니라 FAA로부터도 G-1 인증(G-1 Certification Basis)을 받았다. 역시 eVTOL 제작사 중 최초이다. G-1 인증을 받았다는 것은 UAM 상용화를 위해 꼭 필요한 감항인증의 첫 번째 단계를 통과했다는 것이다. 구체적으로 말하면 G-1 인증은 조비의 eVTOL을 어떤 기준으로 인증할 것인가를 FAA와 조비 간에 서로 합의했다고 이해하면 된다.

2021년 2월 조비는 SPAC(Special Purpose Acquisition Company, 기업인수목적회사)인 리인벤트 테크놀러지 파트너스(Reinvent Technology Partners)와의 합병을 발표하였다. 2024년 상용화를 목표로 하기 때문에 당장 매출이 없는 특성상 SPAC 합병을 통한 상장을 택한 것이다. 합병 작업은 8월에 마무리되었고, 조비는 NYSE(The New York Stock Exchange, 뉴욕증권거래소) 상장 법인이 되었다.

조비의 기업가치는 66억 달러(약 7.9조 원)로 인정받았으며, 12억 달러(약 1.5조 원)의 신규 투자를 받게 되었다. 참고로 현재까지 누적 투자액은 18억 4,460만 달러(약 2.2조 원)로 UAM 업체 중 가장 많은 투자를 받았다.

뿐만 아니라 조비는 UAM 상용화를 위해 여러 기업과 파트너십을 체결하였다. 2021년 2월에는 가민(Garmin)과 항전장비 장기 공급 계약을 체결하였다. 뒤이어 6월에는 미국의 대형 주차 건물 운영 업체인 리프와 버티포트를 공동으로 개발하는 파트너십도 체결하였고, 12월에는 오스트리아의 레이더 개발 업체인 인라스(Inras)의 인수를 발표하였다.

2022년에도 조비는 바쁘게 움직이고 있다. 1월에는 두 번째 시제기에 대해서 FAA와 미 공군의 특별 감항승인을 받았다. 즉 조비는 이제 2대의 시제기로 비행 테스트가 가능해졌다는 뜻이다. 참고로 2021년에 조비는 1대의 시제기로 8,530킬로미터에 달하는 누적 비행거리를 달성했다.

현재 조비는 2023년까지 FAA로부터 형식인증을 완료하고 2024년부터 상용화를 목표로 하고 있다. 조비는 eVTOL 1대당 연간 매출 220만 달러(약 26억 원), 공헌 이익 100만 달러(약 12억 원)를 예상한다. 대도시 한 곳당 약 22개의 노선과 300대의 eVTOL을 운용할 것으로 예상하는데 그렇다면 대도시 한 곳당 연간 매출은 약 6억 6000만 달러(약 7,920억 원), 공헌 이익은 3억 달러(약 3,600억 원)를 기대할 수 있다. 참고로 조비는 2026년 세 곳의 도시에서 963대의 eVTOL을 운용하는 것을 목표로 하고, 매출액은 20억 5천만 달러(약 2.5조 원), 조정 EBITDA는 8억 2,400만 달러(약 1조 원)가 발생할 것을 기대하고 있다.

베타
(Beta Technologies)

사명	베타(Beta Techonologies)
설립 연도	2017년
본사 소재지	미국
CEO	카일 클라크(Kyle Clark)
누적 투자금	5억 1,100만 달러(약 6,132억 원)
상장	비상장
직원 수	350명
주요 파트너	유나이티드 테라퓨틱스(United Therapeutics), 아마존(Amazon), UPS(United Parcel Service)

eVTOL 모델명	알리아-250(ALIA-250)
형식	리프트 플러스 크루즈
탑승 인원	6명(조종사 1명 + 승객 5명)
운항속도	-
항속거리	460km(eCTOL 모드)
소음	-
상용화 목표	2025년
인증 기관	FAA(미국)
비고	시제기로 감항인증 중

베타의 알리아-250

위성 라디오 사업으로 성공해 큰돈을 번 마틴 로스블랫(Martine Rothblatt)은 1996년 제약사인 유나이티드 테라퓨틱스를 설립했다. 막내딸이 폐성 고혈압(Pulmonary Hypertension)에 걸렸는데 100만 명당 2명 정도 발생하는 희귀 질환이라 기존 제약사들이 치료제를 개발하지 않고 있다는 말에 충격을 받았기 때문이다. 두 차례의 실패

끝에 2013년 알약 형태의 치료제가 FDA(미국 식품의약국)의 허가를 받았고 그녀는 딸의 생명을 구한 동시에 막대한 부를 이루었다.

하지만 완치를 위해서는 여전히 폐 이식이 필요했다. 이를 계기로 그녀는 인공 장기를 개발하기 시작했고, 부패하기 쉬운 인공 장기를 빠르게 운송할 수 있는 친환경적인 헬리콥터를 찾던 중 2017년에 카일 클라크(Kyle Clark)를 만나게 되었다.

당시 카일 클라크는 eVTOL을 개발하기 위해 투자자를 찾고 있었는데, 마틴 로스블랫은 그의 전문성을 한눈에 알아보고 5,200만 달러(약 624억 원)를 투자하고 60대의 항공기와 8개의 충전소를 주문하였다. 그것이 베타의 시작이었다. 참고로 베타는 카일 클라크의 대학시절 별명이다.

베타는 현재 조비와 함께 미 공군이 소규모 기업의 eVTOL 개발과 인증을 지원하기 위해 2020년 2월부터 시작한 프로그램인 어질리티 프라임에 참여하고 있다. 또 조비와 마찬가지로 2대의 시제기를 생산하여 인증 테스트에 사용하고 있다.

하지만 조비와는 차이가 있다. 조비의 S-4는 벡터드 쓰러스트 형식인데 베타의 알리아-250은 리프트 플러스 크루즈 형식이다. 베타는 이에 대해 기체의 복잡도를 낮춰서 제작비와 정비비용을 절감하고 안전도를 향상하여 인증을 용이하게 하기 위해서라고 밝혔다.

일반적으로 리프트 플러스 크루즈는 벡터드 쓰러스트보다 항속거리가 짧고 운항속도가 느린 것으로 알려져 있다. 이착륙과 전진을 담당하는 동력원이 따로 필요해서 기체가 무겁고 공기 저항이 크기 때문이다. 하지만 알리아-250은 항속거리가 460km로 벡터드 쓰러스트인 조비의 S-4(240km)보다 길다. 이는 베타에서 목표로 하는 항속거리이다. 모델명의 250은 250해리(약 460km)를 의미하는데 이는 유나이티드 테라퓨틱스의 요구 조건이라고 한다.

베타는 아직까지 알리아-250이 한 번 충전으로 460km를 비행하는 것을 보여 준 적이 없다. 비록 2021년 7월 330km의 비행에 성공하였지만 이는 수직이착륙이 아닌 전통적인 비행기와 같은 수평이착륙을 통한 비행이었다. 이착륙에 사용하는 로터는 제거된 상태였다. 하지만 이를 감안해도 330km 비행은 인상적인 기록이긴 하다. 알리아-250은 5개의 배터리 팩을 실을 수 있는데 3개 팩만으로 330km를 비행한 것이다.

어쨌든 리프트 플러스 크루즈임에도 불구하고 벡터드 쓰러스트보다 부족하지는 않을 것으로 보인다. 이는 배터리 기술의 차이도 있겠지만 공기 저항을 최소화하는 기체 형상의 영향이 클 것으로 여겨진다. 카일 클라크는 극제비갈매기(Arctic Tern)로부터 영감을 받아 알리아-250을 디자인했다고 밝힌 바 있다. 극제비갈매기는 매년 북극과 남극을 왕복하는 새로 유명하다. 알리아-250의 운항속도가 공개되지 않아 아직은 S-4와 비교가 어렵다.

eVTOL 형식뿐만 아니라 UAM 사업에 대한 전략도 차이가 있다. 조비는 초기부터 도심의 승객 수송에 중점을 두는 반면 베타는 교외지역의 물류창고를 오가는 화물 운송에 중점을 두고 있다. 베타에서는 eVTOL이 도심 하늘을 비행하는 것이 안전하다고 간주되기 전까지는 교외 지역의 화물 운송 시장이 더 클 것으로 보기 때문이다.

이는 초기 투자자인 유나이티드 테라퓨틱스가 베타에 부여한 미션인 인공 장기 운송 영향 때문일 수 있다. 2021년 4월에는 UPS(United Parcel Service)로부터 150대의 수주도 받았다. UPS는 2025년까지 탄소배출량을 12% 저감하는 것이 목표인데 알리아-250을 이용한 화물 운송도 그 일환으로 생각된다.

2021년 5월에는 피델리티(Fidelity)와 아마존으로부터 3억 6,800만 달러(약 4,400억 원) 규모의 시리즈 A 펀딩을 받았다. 아마존은 전기차를 공급받기 위해 리비안(Rivian)에 투자한 것처럼 배달용 eVTOL을 공급받기 위해 베타에 투자한 것으로 보인다. 참고로 시리즈 A에서 베타의 기업가치는 14억 달러(약 1.7조 원)로 평가된 것으로 알려졌고 현재까지 누적 투자금액은 5억 1,100만 달러(약 6,132억 원)이다.

릴리움
(Lilium)

사명	릴리움(Lilium)
설립 연도	2015년
본사 소재지	독일
CEO	다니엘 비간드(Daniel Wiegand)
누적 투자금	9억 3,800만 달러(약 1.1조 원)
상장	NASDAQ(티커: LILM)
직원 수	750
주요 파트너	텐센트(Tencent), 아씨투리(Aciturri), 허니웰(Honeywell), 토레이(Toray Advanced Composites), 커스텀셀즈(Customcells)

eVTOL 모델명	제트(Jet)
형식	벡터드 쓰러스트
탑승 인원	7명(조종사 1명 + 승객 6명)
운항속도	280km/h
항속거리	250km
소음	60dBA(100m)
상용화 목표	2024년
인증 기관	EASA(유럽), FAA(미국)
비고	시제기 개발 중

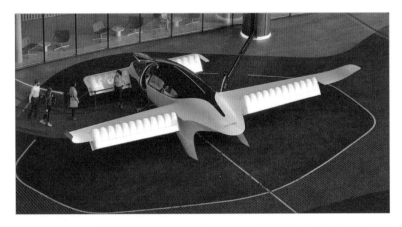

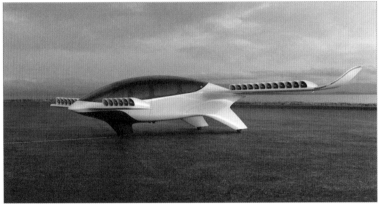

릴리움의 제트   자료 제공: Lilium

　릴리움의 CEO인 다니엘 비간드(Daniel Wiegand)는 14살 때부터 글라이더(Glider) 조종을 시작했을 정도로 항공기 마니아이다. 그는 뮌헨공과대학교에서 전기공학과 비행추진을 전공했는데, 그때 군용기인 V-22 오스프리(Osprey)처럼 수직이착륙이 가능하고, 전기로 추진하는 엔진을 사용해서 크기가 작고 소음이 적으며 친환경적인 항공기를 만들 계획을 세웠다. 마침내 2015년 3명의 친구와 함께 릴리움을 창업하였다.

릴리움이라는 사명은 독일의 항공 엔지니어인 오토 릴리엔탈(Otto Lilienthal)의 성에서 따왔다. 릴리엔탈은 백합을 뜻하는데 이를 라틴어로 바꾼 것이다. 오토 릴리엔탈은 공기 역학을 응용해 글라이더를 개발하고 동력 비행을 위해 엔진까지 개발하였으나 1896년 비행 중 불의의 사고로 사망하였다.

오토 릴리엔탈은 '비행의 아버지'라 불릴 정도로 항공기 개발에 큰 영향을 미쳤다. 당시 다른 개발자들은 엔진 개발에 집중했으나, 라이트 형제는 오토 릴리엔탈의 공기 역학에 자극을 받아 비행기가 하늘을 나는 데 적합한 형태를 만드는 것에 집중하였다. 라이트 형제는 결국 오토 릴리엔탈이 사망한 지 6년 후인 1903년에 동력 비행에 성공하였다.

릴리움은 2015년에 창업한 이후 2016년에는 1세대 팔콘(Falcon-1/5 축소모형기)과 2세대 드래곤(Dragon-1/2 축소모형기)의 비행에 성공하였고, 2017년에는 3세대 이글(Eagle-2인석), 2018년에는 피닉스(Phoenix-5인석)의 비행에 성공하였다. 현재는 5세대에 속하는 제트(Jet-7인석)를 개발 중인데 2024년에는 EASA와 FAA의 인증을 완료하고 상용화하는 것을 목표로 하고 있다.

릴리움의 제트는 형식상 벡터드 쓰러스트 eVTOL에 속한다. 하지만 대부분의 벡터드 쓰러스트 eVTOL이 로터를 사용하는 틸트-로터 방식인 데 비해 제트는 덕티드 팬(Ducted Pan)을 사용하는 틸트-덕트(Tilt-Duct) 형식이다. 릴리움은 이를 DEVT(Ducted Electric Vectored Thrust)라고 부르고 틸트-로터를 오픈 프로펠러(Open Propeller)라고 부른다. 이런 차이로 인해 종종 논란이 되기도 한다.

일단 릴리움은 오픈 프로펠러와 비교했을 때 DEVT의 장점으로 저소음을 말한다. 전기 팬 엔진 자체가 덕트 안에 있어서 소음을 차단하고 분산할 수 있다는 것이다. 일반적인 오픈 프로펠러 형태의 eVTOL은 220m 떨어진 곳에서 60dBA의 소음을 발생하는데, DEVT 형식인 제트는 100m 떨어진 곳에서 60dBA의 소음이 발생하기 때문에 약 5배 소음이 작다고 한다.

하지만 DEVT가 오픈 프로펠러보다 무조건 저소음은 아닌 것으로 본다. 오픈 프로펠러 형식인 조비의 S-4는 100m 떨어진 곳에서 65dBA의 소음이 발생한다고 하고, 오버에어의 버터플라이는 55dBA의 소음이 발생한다고 주장하기 때문이다.

릴리움은 DEVT가 탑재 중량을 증가시킬 때도 유리하다고 주장한다. UAM은 도심에 수직이착륙이 가능해야 하기 때문에 크기에 제한이 있다. 오픈 프로펠러 형태는 더 많은 승객을 태우려면 프로펠러 크기가 커져야 하는데 그렇게 되면 이착륙장의 면적을 넘어설 가능성이 높다는 것이다.

반면 DEVT는 작은 덕티드 팬 엔진 여러 개를 사용하기 때문에 설계에서 자유로워 탑재 중량을 약 40% 높일 수 있다고 한다. 실제로 현재 개발 중인 eVTOL 중에서 제트가 7인석으로 가장 많은 인원이 탑승 가능하다. 대부분 오픈 프로펠러 형식의 eVTOL은 4~6인석인

데, 릴리움은 향후 16인석까지 증가시킬 계획이라고 한다.

물론 단점도 있다. DEVT의 경우 이착륙 시 에너지가 많이 필요하다. 이를 이해하려면 디스크 로딩(Disk Loading)이란 개념을 알아야 한다. 디스크 로딩은 기체 무게(Gross Weight)를 항공기가 공중에 뜰 수 있는 양력을 일으키는 로터 면적으로 나눈 값이다. 결론을 말하면 무게가 같을 경우 프로펠러 면적이 클수록, 즉 디스크 로딩이 작을수록 항공기가 공중에 뜨는 데 에너지가 적게 들어간다고 할 수 있다.

DEVT는 오픈 프로펠러보다 훨씬 작은 덕트 팬 엔진을 사용하기 때문에 로터의 면적이 작다. 즉 디스크 로딩이 오픈 프로펠러보다 커서 이착륙에 에너지가 많이 쓰이므로 오픈 프로펠러보다 비에너지가 더 큰 배터리가 필요하다.

릴리움은 2021년 9월 나스닥에 SPAC 합병을 통한 상장을 하였다. 상장을 통해 5억 8,400만 달러(약 7,000억 원)의 신규 투자를 받았다. 현재까지 누적 투자액은 9억 3,800만 달러(약 1.1조 원)로 UAM 업체 중에서는 조비 다음으로 많은 투자를 받았다.

릴리움은 초기 가격으로 시트 마일당 2.25달러(약 2,700원)를 목표로 한다. 조비가 3달러(약 3,600원)를 목표로 한 것과 비교하면 약 25% 싼 가격인데 이는 탑승 가능한 승객 수 차이 때문일 것이다. S-4는 4명의 승객을 태울 수 있는 반면 릴리움의 제트는 6명을 태울 수 있다.

또 조비는 eVTOL을 외부에 판매하지 않고 운항 서비스만 할 계획인 반면 릴리움은 외부 판매도 할 계획이다. 실제로 릴리움은 브라질 항공사인 아줄(Azul)과 220대의 제트 판매 계약을 맺기도 하였다. 참고로 릴리움은 상장 당시 2027년의 수익 목표를 제시했는데 매출은 약 58억 6,700만 달러(약 7조 원), EBITDA는 14억 4,000만 달러(약 1.7조 원)이다. 연간 목표 생산량은 950대이고 자체 서비스와 외부 판매로 인한 수익 비중은 약 5:5로 가정한다.

버티컬
(Vertical Aerospace)

사명	버티컬(Vertical Aerospace)
설립 연도	2016년
본사 소재지	영국
CEO	스티븐 피츠패트릭(Stephen Fitzpatrick)
누적 투자금	3억 8,000만 달러(약 4,560억 원)
상장	NYSE(티커: EVTL)
직원 수	120명
주요 파트너	아메리칸 항공(American Airlines), 아볼론(Avolon), 롤스-로이스(Rolls-Royce), 하니웰(Honeywell)

eVTOL 모델명	VX4
형식	벡터드 쓰러스트 + 리프트 플러스 크루즈
탑승 인원	5명(조종사 1명 + 승객 4명)
운항속도	320km/h
항속거리	160km
소음	70dBA(100m), 43dBA(305m)
상용화 목표	2025년
인증 기관	CAA(영국), EASA(유럽)
비고	시제기 개발 중

버티컬의 VX4 　　　　　　　　　　　　　　　자료 제공: Vertical Aerospace

　버티컬은 스티븐 피츠패트릭(Stephen Fitzpatrick)이 2016년에 설립한 영국의 eVTOL 제작사이다. 스티븐 피츠패트릭은 2009년 친환경 에너지 기업인 오보 에너지(OVO Energy)를 설립하여 매출액 60억 달러(약 7.2조 원)의 영국 3대 에너지 회사로 성장시킨 인물이다. 그는 친환경 에너지 사업에 투자해 오면서 항공산업의 탈탄소화가 제약이 많다는 것을 알게 되었다. 그러던 중 eVTOL이 항공기의 탈탄소화뿐 아니라 우리 삶을 완전히 바꿔 줄 수 있을 거라고 생각하고 버티컬을 창업하였다.

버티컬은 현재 VX4를 개발 중이다. 리프트 플러스 크루즈와 벡터드 쓰러스트가 혼합된 형태이다. 이전의 실험기들은 멀티콥터 형식이었는데 아무래도 성능 개선의 한계성 때문에 바꾼 것으로 생각된다. 현재 CAA(Civil Aviation Authority, 영국 민간항공당국)와 EASA의 인증을 진행 중이며 2024년 인증을 마치고 상용화하는 것을 목표로 하고 있다.

2021년 12월 NYSE에 SPAC 합병을 통한 상장을 하여 8월 조비, 9월 릴리움, 아처에 이어 네 번째로 상장 법인이 되었다. 상장을 통해 3억 달러(약 3,600억 원)의 신규 투자를 받았다. 현재까지 누적 투자액은 3억 8,000만 달러(약 4,560억 원)로 앞서 상장한 경쟁사들 대비 상대적으로 적은 편이다. 참고로 조비는 12억 달러(약 1.4조 원), 아처는 8억 5,800억 달러(약 1조 원), 릴리움은 5억 8,400만 달러(약 7,000억 원)의 신규 투자를 받았다. 하지만 버티컬은 상용화까지 추가로 필요한 자금이 2억 2,300만 달러(약 2,700억 원)로 예상되기 때문에 신규 투자금 3억 달러(약 3,600억 원)면 충분하다고 주장한다.

버티컬은 대부분의 경쟁사가 eVTOL 생산은 물론 운항 서비스까지 준비 중인 것과 달리 eVTOL 생산에만 집중하고 있다. 그래서인지 아직 시제기조차 나오지 않았음에도 불구하고 1,350대의 선주문을 기록하고 있다. 조건부 수주라서 법적 구속력이 있는 주문은 아니라는 점을 감안해도 많은 양이다. 목표로 하는 연간 생산량도 가장 많다. 버티컬은 2026년 1,000대, 2027년 1,500대, 2028년 2,000대의 eVTOL을 생산하는 목표를 세우고 있다. 이는 경쟁사들의 목표보다 약 2배 많은 수준이다.

정리하자면 버티컬은 경쟁사들보다 투자금은 절반 정도 적지만 운항 서비스까지 영위하는 전략을 택한 경쟁사들과 달리 eVTOL 생산에만 집중하는 전략을 취하고 있다. 이로써 더 많은 외부 고객을 확보하여 같은 기간에 경쟁사보다 약 2배 이상의 생산을 목표로 한다고 볼 수 있다.

아처
(Archer Aviation)

사명	아처(Archer Aviation)
설립 연도	2019년
본사 소재지	미국
CEO	아담 골드스타인(Adam Goldstein), 브렛 애드콕(Brett Adcock)
누적 투자금	8억 5,630만 달러(약 1조 원)
상장	NYSE(티커: ACHR)
직원 수	200명
주요 파트너	유나이티드 항공(United Airlines), 스텔란티스

eVTOL 모델명	메이커(Maker)
형식	벡터드 쓰러스트 + 리프트 플러스 크루즈
탑승 인원	5명(조종사 1명 + 승객 4명)
운항속도	240km/h
항속거리	100km
소음	45dB(610m)
상용화 목표	2025년
인증 기관	-
비고	시제기 개발 중

아처의 메이커

2009년 뉴욕의 헤지펀드에서 근무하던 아담 골드스타인(Adam Goldstein)과 브렛 애드콕(Brett Adcock)은 같은 대학 출신이라는 공통점 때문에 이내 친해졌다. 그들은 2013년 금융/IT 산업에 특화된 온라인 구인구직 서비스를 제공하는 스타트업인 베터리(Vettery)를 공동 창업하여, 2018년 스위스의 아데코 그룹(Adecco Group)에 1억 달러(약 1,200억 원)에 매각하였다.

다음 창업 아이템을 찾던 그들은 UAM에 관심을 갖고, 2019년 아처를 창업하였다. 하지만 이미 선발 주자들은 앞서 나가고 있었고 후발 주자인 아처가 그들을 뒤따라 잡기는 역부족인 상황이었다. 그들은 항공우주 엔지니어가 아니었기 때문에 eVTOL 개발을 위해서는 유능한 엔지니어들이 필요했다. 자금도 그다지 풍족한 상황은 아니었다.

그때 그들은 마크 로리(Marc Lore)를 만나게 되었다. 마크 로리는 이커머스(E-Commerce) 스타트업인 제트닷컴(Jet.com)을 창업하여 2016년 월마트(Walmart)에 33억 달러(약 4조 원)에 매각한 유명 창업가이다. 마크 로리는 UAM의 가능성에 공감하고 아처의 든든한 초기 투자자가 되었다.

운도 따라 주었다. 2019년 말부터 에어버스와 보잉이 UAM 개발 사업을 축소하면서 경험 있는 유능한 엔지니어들을 채용하기 용이해진 것이다. 아처는 기회를 놓치지 않고 마크 로리의 지원을 받아 즉각적으로 많은 엔지니어를 스카우트하였고, 이를 통해 후발 주자임에도 빠르게 eVTOL 개발을 진행할 수 있었다.

에어버스는 2015년부터 미국 실리콘밸리에 에이큐브드(A^3)를 설립하고 eVTOL 개발을 진행해 왔는데, 2019년 12월에 이를 종료하고 UAM 사업을 본사에서 기존에 진행하던 씨티에어버스(CityAirbus) 프로젝트로 통합하였다.

보잉은 2017년에 오로라 플라이트 사이언스(Aurora Flight

Sciences)를 인수하고, 2018년에 보잉 넥스트(Boeing NeXt)라는 사업부를 만들어서 eVTOL 개발을 진행해 왔는데, 2019년 6월에 키티 호크(Kitty Hawk)와 공동으로 위스크를 설립하면서 UAM 개발 프로젝트를 위스크로 통합하였다.

아처는 현재 메이커를 개발 중이다. 리프트 플러스 크루즈와 벡터드 쓰러스트가 혼합된 형태이다. 현재는 80% 축소 시제기(2인석)를 통해 비행 테스트 중이다. 양산 제품은 5인석으로 만들 예정이며 FAA를 통해 2024년 인증을 완료하고 상용화하는 것을 목표로 하고 있다.

2021년 8월 NYSE에 SPAC 합병을 통한 상장에 성공하여 8억 5,800달러(약 1조 원)의 신규 투자를 받았다. 2021년 2월 아처는 2025년까지 약 10억 5,000만 달러(약 1.3조 원)가 필요할 것으로 예상하였는데 이보다는 조금 모자란 금액이다.

주요 파트너로는 유나이티드 항공과 스텔란티스가 있다. 유나이티드 항공은 운항 서비스, 스텔란티스는 생산 관련 파트너이다. 유나이티드 항공은 15억 달러(약 1.8조 원)가량의 선주문을 하였다. 아처의 eVTOL을 활용하여 공항 셔틀 서비스를 할 계획으로 보인다. 유나이티드 항공은 단순히 eVTOL 주문만 한 것은 아니고 투자도 하였다. 현재 유나이티드 항공은 약 4.3%의 지분을 보유하고 있다. 향후 FAA 인증이나 항공 운송 산업 전반에 도움을 줄 것으로 예상된다. 스텔란티스는 자동차 대량 생산 노하우를 eVTOL 양산에 적용하며 협력 관계를 이어갈 것으로 보인다.

이브
(Eve Air Mobility)

사명	이브(Eve Air Mobility)
설립 연도	2020년
본사 소재지	미국
CEO	안드레 스타인(Andre Stein), 제라드 드머로(Gerard DeMuro)
누적 투자금	-
상장	2022년 상반기 나스닥 상장 예정
직원 수	-
주요 파트너	엠브레어(Embraer), 스카이웨스트(SkyWest), 할로(Halo), 리퍼블릭 에어웨이(Republic Airways), 아반또(Avantto), 팔코(Falko), 아조라(Azorra), BAE시스템(BAE Systems)

eVTOL 모델명	이브(EVE)
형식	리프트 플러스 크루즈
탑승 인원	5명(조종사 1명 + 승객 4명)
운항속도	-
항속거리	100km
소음	-
상용화 목표	2026년
인증 기관	FAA(미국)
비고	시제기 개발 중

이브의 이브   Eve Air Mobility

　이브는 브라질의 항공기 제작사인 엠브레어의 UAM 사업을 담당
하는 자회사이다. 엠브레어는 2017년 미국에 엠브레어X(EmbraerX)
라는 스타트업 엑셀러레이터(Startup Accelerator)를 설립하였다. 엑
셀러레이터는 스타트업에 초기 투자하고 멘토링, 교육, 네트워킹 등
보육 프로그램을 제공하는 회사를 말한다. 이브는 엠브레어X의 스
타트업 보육 프로그램의 첫 번째 졸업생이라고 볼 수 있다. 2020년
10월 이브는 엠브레어X에서 첫 번째로 분사(Spin Off)되었고 독립

법인이 되었다.

엠브레어가 UAM 사업을 독립 법인으로 진행하는 이유는 기술 파괴적 신사업인 만큼 민첩성(Agility)이 필요하기 때문이다. 거대 조직에서는 민첩성을 구현하기 어려운 경우가 많다. 엠브레어는 이브가 엠브레어의 사업부라면 불가능한 새로운 비즈니스 모델 발굴, 파트너십 체결 그리고 투자자 유치에 대한 신속한 결정을 할 수 있을 것으로 기대하고 있다.

이브의 eVTOL은 리프트 플러스 크루즈 형식이다. 5인석이고 항속거리는 100km이며, 2026년 FAA의 인증 획득을 목표로 하고 있다. 2021년 3월 축소 기술시범기 비행 테스트를 공개했고, 현재는 전기체 기술시범기를 제작 중인 것으로 알려져 있다.

이브가 리프트 플러스 크루즈 형식을 택한 것은 기체 성능보다는 대량 생산에 좀 더 비중을 두었기 때문으로 생각된다. 이브는 운항 서비스는 계획하고 있지 않으며 eVTOL 제작에 집중할 계획인데 이는 항공기 제작사인 모기업의 영향으로 보인다. 이미 18개 사 고객으로부터 1,735대의 수주를 받은 상태이고, 이는 비슷한 전략을 취하고 있는 버티컬보다 많은 양이다.

2021년 12월 이브는 NYSE에 SPAC 합병을 통한 상장을 발표하였는데 이를 통해 5억 700만 달러(약 6,000억 원)의 신규 투자를 기대하고 있다. 늦어도 2022년 6월까지는 합병이 완료될 것으로 예상된다. 상장 이후에도 엠브레어는 82.3%의 지분을 보유한 대주주로 남을 것으로 보인다.

오버에어
(Overair)

사명	오버에어(Overair)
설립 연도	2019년
본사 소재지	미국
CEO	벤 티그너(Ben Tigner)
누적 투자금	2,500만 달러(약 300억 원)
상장	-
직원 수	-
주요 파트너	한화시스템, 카렘 에어크래프트(Karem Aircraft)

eVTOL 모델명	버터플라이(Butterfly)
형식	벡터드 쓰러스트
탑승 인원	6명(조종사 1명 + 승객 5명)
운항속도	320km/h
항속거리	160km
소음	55dBA(100m), 35dBA(500m)
상용화 목표	2026년
인증 기관	FAA(미국)
비고	시제기 개발 중

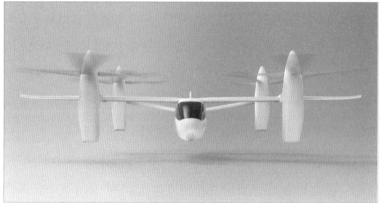

오버에어의 버터플라이

오버에어는 미국의 방산 기업인 카렘 에어크래프트와 한국의 방산/ICT 기업인 한화시스템이 eVTOL 개발을 위해 2020년 설립한 회사이다. 한화시스템은 2019년 국내 기업 중 최초로 UAM 사업 진출을 선언하고 오버에어에 시리즈 A 투자 2,500만 달러(약 300억 원)를 결정하고 지분 30%와 이사회 의결권을 갖게 되었다.

오버에어와 한화시스템은 현재 버터플라이라고 명명한 eVTOL을 공동으로 개발하고 있다. 현재 시제기를 개발 중이며 2023년 초도 비행을 계획하고 있다. 2025년 FAA 인증을 완료하고 상용화할 계획이다. 계획대로 진행된다면 우리나라에서 처음으로 서비스될 UAM의 eVTOL이 될 가능성이 가장 높다.

오버에어와 한화시스템은 버터플라이가 현재 개발 중인 eVTOL 중에서 가장 안전하고 에너지 효율적이며 저소음일 것이라고 주장한다. 실제로 각 사에서 밝힌 eVTOL 소음을 비교해 보면 100m 기준으로 버티컬의 VX4가 70dBA, 조비의 S-4가 65dBA, 릴리움의 제트가 60dBA인 데 비해 버터플라이는 55dBA로 가장 작다.

오버에어와 한화시스템이 이렇게 주장하는 근거는 버터플라이가 OSTR(Optimum Speed TiltRotor, 최적 속도 틸트로터) 특허기술을 바탕으로 상세 설계를 진행하고 있기 때문이다.

OSTR 기술은 IBC(Individual Blade Control, 개별 블레이드 제어) 기술로 개별 블레이드를 제어하는 가변속틸팅 전기로터와 경량 복합재, 고효율 공기역학 기술 등을 바탕으로 구현된다. 일반적으로 헬리콥터 같은 회전익 항공기의 로터는 일정한 속도로 회전한다. 이는 공진 현상(Resonance)에 의한 기체 파손을 방지하기 위해서이다.

OSTR는 쉽게 이야기하면 로터의 회전 속도를 기체의 고도, 탑재 중량 그리고 속도 등에 따라 최적의 회전 속도로 바꿔 주는 기술이다. 이를 이용하면 기존의 회전익 항공기보다 에너지 효율적이고 저소음의 성능을 낼 수 있다.

OSTR는 오버에어의 지분을 가진 카렘 에어크래프트의 창업자이자 전설적인 항공기 엔지니어인 에이브러햄 카렘(Abraham Karem)이 개발하였다. 그는 '드론의 아버지'라고 불릴 정도로 UAV(Unmanned Aerial Vehicle, 무인항공기)의 발전에 지대한 공을 세운 인물이다. 그가 설계한 무인비행기 앰버(Amber)는 제너럴 아토믹스(General Atomics)에 의해 프레데터(Predator)가 되었고, 무인 헬리콥터 A160은 보잉에 의해 허밍버드(Hummingbird)가 되었다.

오버에어의 특허인 OSTR 기술과 한화시스템의 센서/레이더/항공전자 기술이 적용되는 버터플라이의 외형적인 특징은 로터의 수가 4개로 다른 eVTOL들보다 적고 블레이드의 크기가 크다는 것이다. 일반적으로 로터의 수가 적고 블레이드의 크기가 크면 디스크 로딩이 작기 때문에 에너지 효율적이고 이착륙 시 기체의 흔들림이 적어 안정적이라는 장점이 있다. 하지만 커다란 블레이드가 고속으로 회전하면서 발생하는 소음이 크다는 단점이 생긴다. OSTR를 적용하면 이착륙 시 로터의 회전 속도를 저속으로 낮출 수 있기 때문에 에너지가 덜 들고 소음도 줄일 수 있게 된다.

한화시스템은 오버에어와 eVTOL 개발뿐만 아니라 운항 서비스, 인프라 등 미래 모빌리티에 대한 토털 솔루션 제공을 목표로 하고 있다. 현재 도심 상공의 항행/관제 솔루션, 기존 교통 체계 연동 시스템, UATM 구축 등 항공 모빌리티 플랫폼을 구축하고 있다. 또한 일명 우주인터넷이라 불리는 '저궤도 통신위성' 사업자인 원웹(OneWeb)과 '위성통신 안테나' 관련 해외 선진 기업들에 대한 인수, 투자도 하고 있다. 이는 저궤도 통신위성 기술이 UAM 사업의 핵심인 교통 관리/관제 시스템에 활용되기 때문이다. 수백 미터 상공에서 날아다니는 eVTOL은 지상 통신망으로 신호를 주고받기 어려워 위성통신 기술이 반드시 필요하다.

슈퍼널
(Supernal)

사명	슈퍼널(Supernal)
설립 연도	2020년
본사 소재지	미국
CEO	신재원
누적 투자금	-
상장	-
직원 수	-
주요 파트너	현대차, 현대모비스, 기아

eVTOL 모델명	S-A1
형식	벡터드 쓰러스트 + 리프트 플러스 크루즈
탑승 인원	5명(조종사 1명 + 승객 4명)
운항속도	240km/h
항속거리	100km
소음	-
상용화 목표	2028년
인증 기관	FAA(미국)
비고	콘셉트 모델로 향후 변경 가능성 높음

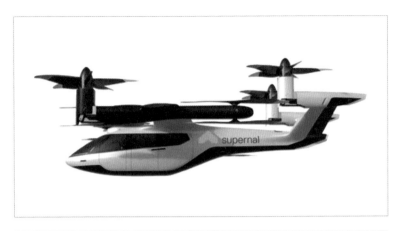

슈퍼널의 S-A1

자료 제공: Supernal

현대차그룹은 2019년 9월 UAM 사업 진출을 선언하였다. UAM 사업부를 신설하고, NASA의 항공연구총괄본부(the Aeronautics Research Mission Directorate)를 11년간 이끌어 온 신재원 박사를 영입하였다. 그는 NASA에서 초음속비행기, 전기항공기, 무인항공시스템(UAS, Unmanned Aerial System), UAM 등과 같은 신개념 미래

항공 연구와 전략 방향을 설정하는 데 주도적인 역할을 담당해 온 인물이다.

2019년 10월 정의선 현대차그룹 회장은 임직원과의 대화에서 향후 그룹의 방향성을 묻는 질문에 현재는 자동차를 만드는 회사이지만 미래에는 자동차가 50%, UAM이 30%, 로보틱스가 20%가 될 것이며 모빌리티 서비스를 하는 회사로 변모할 것이라고 말했다.

현대차그룹은 2020년 1월 CES(The International Consumer Electronics Show, 국제전자제품박람회)에서 우버 엘리베이트와 공동으로 설계한 콘셉트 모델인 S-A1을 공개하며, 우버 엘리베이트와 eVTOL 개발 파트너십을 맺기도 하였다. 물론 2020년 12월 우버가 우버 엘리베이트를 조비에 매각한 이후 파트너십은 더 이상 유효하지 않다. 하지만 이후에도 현대차그룹은 독자적으로 UAM 개발을 지속하고 있다.

현대차그룹은 2020년 6월 미국에 현대자동차의 100% 자회사로 제네시스 에어 모빌리티(Genesis Air Mobility)를 설립하였다. eVTOL 인증과 전문 인력 확보를 위해서는 미국에서 사업을 진행하는 것이 용이하기 때문이다. CEO는 신재원 UAM사업부장이 맡았다.

2021년 2월 제네시스 에어 모빌리티는 CTO(Chief Technology Officer)로 구글 창업자인 래리 페이지(Larry Page)가 투자한 것으로 유명한 오프너(Opener)의 CEO인 벤 다이어친(Ben Diachun)을 영입하였다. 그는 20년 경력의 항공기 엔지니어로 최초의 민간 유인 우주선인 스페이스쉽원(SpaceShipOne)과 개인용 전기항공기인 블랙

플라이(BlackFly) 등의 개발에 참여한 것으로 유명하다.

2021년 8월 제네시스 에어 모빌리티는 1,392억 원의 신규 투자를 받았다. 현대모비스가 837억 원, 기아가 555억 원을 투자하였다. 이로써 제네시스 에어 모빌리티의 지분 구조는 현대차 44.4%, 현대모비스 33.4%, 기아 22.2%가 되었다. 기업가치를 약 2,500억 원으로 평가한 것이다.

2021년 11월 제네시스 에어 모빌리티는 사명을 슈퍼널로 변경하고 2028년 UAM을 상용화할 것이라고 밝혔다. 본사는 워싱턴DC에 위치하는데 향후 eVTOL 인증을 위한 것으로 보인다. 또 2022년에 캘리포니아에 연구시설을 만들 것이라는 발표도 하였다. eVTOL에 대한 구체적인 내용은 발표되지 않았다.

에어버스
(Airbus)

사명	에어버스(Airbus)
설립 연도	1969년
본사 소재지	네덜란드
CEO	기욤 포리(Guillaume Faury)
누적 투자금	–
상장	Euronext Paris(티커: AIR.PA)
직원 수	130,000여 명
주요 파트너	탈레스(Thales), 디엘(Diehl Aerospace)

eVTOL 모델명	씨티에어버스 넥스트젠(CityAirbus NextGen)
형식	리프트 플러스 크루즈
탑승 인원	4명(조종사 1명 + 승객 3명)
운항속도	120km/h
항속거리	80km
소음	70dBA 이하(이착륙), 65dBA 이하(순항)
상용화 목표	2026년
인증 기관	EASA(유럽)
비고	시제기 개발 중

에어버스의 씨티에어버스 넥스트젠

에어버스는 2015년부터 eVTOL 개발을 시작하였다. 글로벌 항공기 산업을 양분하는 거대 기업답게 단일 프로젝트가 아닌 2개의 프로젝트를 동시에 진행하였다. 하나는 미국에 위치한 에어버스 에이큐브드에서 진행하는 바하나(Vahana) 프로젝트, 다른 하나는 독일에 위치한 에어버스 헬리콥터(Airbus Helicopters)에서 진행하는 씨티에어버스 프로젝트였다.

바하나 프로젝트는 벡터드 쓰러스트 형식의 eVTOL을 개발하였다. 2018년 1월 기술시범기가 초도 비행에 성공하였고, 이후 총 138회 비행에 성공하였다. 하지만 아쉽게도 에어버스는 2019년 11월 바하나 프로젝트를 종료하고, 향후 eVTOL 개발은 씨티에어버스 프로젝트만 진행하기로 결정하였다.

씨티에어버스 프로젝트는 멀티콥터 형식의 eVTOL을 개발하였다. 씨티에어버스의 기술시범기는 바하나 프로젝트보다 1여 년 늦은 2019년 5월 초도 비행에 성공하였고, 이후 총 104회 비행에 성공하였다. 2021년 9월 드디어 에어버스는 첫 번째 양산 eVTOL이 될 씨티에어버스 넥스트젠의 형상과 개발 계획을 공개하였다.

씨티에어버스 넥스트젠은 리프트 플러스 크루즈를 택하였다. 아무래도 이전에 진행한 두 프로젝트에서 멀티콥터는 성능이 제한적이고, 벡터드 쓰러스트는 기체의 복잡도가 높다는 점을 체감하고, 중간 지점인 리프트 플러스 크루즈를 택했을 것으로 여겨진다.

에어버스는 현재 씨티에어버스 넥스트젠의 시제기를 개발 중이며 2023년 초도 비행을 계획하고 있다. 2025년경 EASA로부터 인증을 완료하고 상용화하는 것을 목표로 하고 있다.

위스크 ──────────
(Wisk Aero)

사명	위스크(Wisk Aero)
설립 연도	2019년
본사 소재지	미국
CEO	개리 가이슨(Gary Gysin)
누적 투자금	-
상장	-
직원 수	300명
주요 파트너	보잉, 키티 호크

eVTOL 모델명	코라(Cora)
형식	리프트 플러스 크루즈
탑승 인원	4명(조종사 1명 + 승객 3명)
운항속도	120km/h
항속거리	80km
소음	70dBA 이하(이착륙), 65dBA 이하(순항)
상용화 목표	-
인증 기관	EASA(유럽)
비고	시제기 개발 중

위스크의 코라   자료 제공: Wisk Aero

   구글 공동 창업자인 래리 페이지는 2010년 비밀리에 두 곳의 스타트업에 각각 1억 달러(약 1,200억 원)의 투자를 했다. 두 회사의 목표는 eVTOL을 개발하는 것인데, 그중 하나가 바로 지 에어로(Zee Aero)이다.

   수년간 비밀리에 연구 개발에 매진하던 지 에어로는 2016년 10월 전기체 시제기인 Z-P2가 초도 비행에 성공하면서 세상에 알려지게 되었다. 2017년 지 에어로는 래리 페이지가 동시에 투자한 또 다른 eVTOL 개발 스타트업인 키티 호크에 합병되었고, 2018년 3월 Z-P2 는 코라로 재탄생하였다. 2019년 12월 키티 호크는 코라 개발팀, 그러니까 과거의 지 에어로를 다시 분사하는 동시에 보잉의 투자를 받아 위스크로 새롭게 태어났다.

위스크와 보잉의 합작은 서로에게 윈윈이었다. 보잉은 위스크가 갖고 있지 않은 수십 년간 쌓아 온 항공 산업에 대한 전반적인 노하우를 가지고 있었고, 위스크는 보잉이 갖고 있지 않은 eVTOL에 대한 기술과 이미 비행에 성공한 시제기를 가지고 있었기 때문이다.

사실 보잉은 2017년부터 자체적으로 eVTOL을 개발해 왔지만 경쟁사들만큼 잘 진행되지 않은 상황이었다. 2019년 6월 자회사인 오로라 플라이트 사이언스에서 개발하던 PAV(Passenger Air Vehicle)가 비행 테스트 도중 추락했고, 2주 후에는 신사업 개발 부문인 보잉 넥스트(Boeing NeXt)에서 개발하던 화물용 eVTOL인 보잉 CAV(Cargo Air Vehicle) 역시 비행 테스트 도중 사고가 발생했다.

엎친 데 덮친 격으로 보잉은 737 MAX 운항 중단과 코로나19로 경영 환경이 급격하게 악화되었다. 결국 보잉은 CAV와 PAV 프로젝트를 중단하였고, eVTOL 개발은 위스크를 통해서만 지속하게 되었다. 다행히 위스크의 코라 개발은 순조롭게 진행되었다. 비행 테스트를 미국과 뉴질랜드에서 동시에 진행했는데, 2021년 3월에는 누적 비행 1,500회를 달성하였고, 5월에는 블레이드로부터 개발 중인 6세대 코라 30대를 수주받기도 하였다.

2022년 1월 보잉은 위스크에 4.5억 달러(약 5,400억 원)의 추가 투자를 발표하였다. 위스크는 이 자금을 6세대 코라의 개발에 사용할 예정이며, 새로운 기체는 2022년 하반기에 공개할 것이라고 한다. 단, 위스크는 경쟁사들과 달리 목표로 하는 상용화 시기에 대해서는 밝히지 않았다.

위스크가 개발 중인 코라는 조종사가 탑승하지 않는 자율비행 eVTOL이라서 현재로서는 감항당국의 인증을 언제 획득할지 예측하기 어렵다. 참고로 현재 많은 전문가는 조종사가 탑승하지 않는 자율비행 eVTOL은 2035~40년 이후 가능할 것으로 예측한다.

볼로콥터
(Volocopter)

사명	볼로콥터(Volocopter)
설립 연도	2011년
본사 소재지	독일
CEO	플로리안 로이터(Florian Reuter)
누적 투자금	3억 2,200만 유로(약 4,400억 원)
상장	-
직원 수	400명
주요 파트너	다임러, 지리

eVTOL 모델명	볼로시티(VoloCity)
형식	멀티콥터
탑승 인원	2명(조종사 1명 + 승객 1명)
운항속도	90km/h
항속거리	35km
소음	65dBA(75m)
상용화 목표	2024년
인증 기관	EASA(유럽)
비고	시제기로 감항인증 중

eVTOL 모델명	볼로커넥트(VoloConnect)
형식	리프트 플러스 크루즈
탑승 인원	4명(조종사 1명 + 승객 3명)
운항속도	180km/h
항속거리	100km
소음	-
상용화 목표	2026년
인증 기관	EASA(유럽)
비고	시제기 개발 중

볼로콥터의 볼로시티

자료 제공: Volocopter

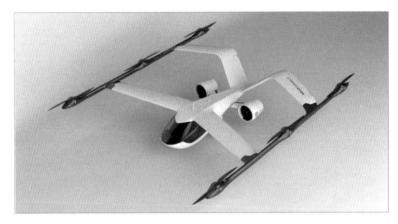

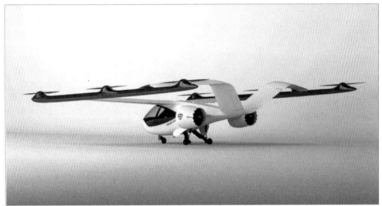

볼로콥터의 볼로커넥트   자료 제공: Volocopter

볼로콥터는 2011년 설립된 독일의 스타트업이다. 우리에게는
2021년 11월 김포/인천공항에서 열린 'K-UAM 비행 시연 행사'에
볼로콥터의 eVTOL 2X가 5분간 비행을 보여 준 것으로 유명하다.
2X는 멀티콥터 형식의 eVTOL로 2013년 초도 비행에 성공하고,
2018년 개발이 완료된 전기체 기술시범기이다.

볼로콥터는 2019년에 드디어 첫 양산 eVTOL이 될 볼로시티를 공개하였다. 볼로시티 역시 2X와 마찬가지로 멀티콥터 형식의 eVTOL이다. 2023년 EASA의 형식인증을 목표로 하고 있다. 인증이 완료되는 대로 상용화에 들어갈 것으로 예상되는데, 2021년 11월 우리나라의 카카오 모빌리티와도 손을 잡고 UAM 상용화를 위해 협력하기로 하였다.

하지만 볼로시티는 멀티콥터 형식의 eVTOL이라는 한계가 있다. 일단 2인석이기 때문에 1명의 승객만 탑승할 수 있다. 항속거리는 35km, 속도는 시속 90km 정도이다. 우리의 삶을 크게 바꿔 줄 항공모빌리티로는 성능이 충분하지 않다. 항속거리가 짧고 속도가 느리다는 점을 차치하더라도 승객을 1명만 태울 수 있다면 승객 1명이 부담해야 할 비용이 승객 4~5명을 태울 수 있는 다른 eVTOL보다 많기 때문이다.

단, 교통체증이 매우 심한 도심의 단거리 노선이나 관광용으로는 상업성이 있을 것이다. 실제로 볼로콥터는 볼로시티가 인증받는 대로 싱가포르에서 상용화하려고 준비 중인데 첫 번째 서비스는 마리나 베이(Marina Bay)의 스카이라인(Skyline)을 하늘에서 볼 수 있는 관광노선이 될 것으로 예상된다.

볼로콥터는 볼로시티의 성능 한계를 뛰어넘어 다양한 UAM 서비스를 제공하기 위해 또 다른 eVTOL도 개발 중이다. 바로 볼로커넥트이다. 볼로커넥트는 리프트 플러스 크루즈 형식의 eVTOL로 4인석이기 때문에 승객 3명을 태울 수 있다. 항속거리는 100km, 운항속도는 시속 180km로 볼로시티보다 약 2배의 성능이다. 볼로커넥트 개발 계획은 2021년 5월에 공개되었는데, 현재는 축소모형기로 시험 비행 중이며, 2026년 인증을 목표로 하고 있다.

볼로콥터는 현재까지 3억 2,200만 유로(약 4,400억 원)의 투자를 받았다. 주요 주주로는 2017년 약 2,500만 유로(약 340억 원)를 투자한 다임러와, 2019년 5,000만 유로(약 675억 원)를 투자한 지리가 있다. 2021년에 SPAC 합병을 통한 상장을 준비했으나 비우호적인 시장 상황으로 취소하였다.

이항
(EHang)

사명	이항(EHang)
설립 연도	2014년
본사 소재지	중국
CEO	후화지(Huazhi Hu)
누적 투자금	1억 3,200만 달러(약 1,600억 원)
상장	NASDAQ(티커: EH)
직원 수	240명
주요 파트너	유나이티드 테라퓨틱스

eVTOL 모델명	EH216
형식	멀티콥터
탑승 인원	2명
운항속도	100km/h
항속거리	30km
소음	–
상용화 목표	2022년
인증 기관	CAAC(중국)
비고	감항인증 중

eVTOL 모델명	VT-30
형식	리프트 플러스 크루즈
탑승 인원	2명
운항속도	-
항속거리	300km
소음	-
상용화 목표	-
인증 기관	CAAC(중국)
비고	시제기 개발 중

이항의 EH216

자료 제공: 이항

이항의 VT-30   자료 제공: 이항

이항은 2014년에 설립된 중국의 스타트업이다. 2016년 CES에 멀티콥터 형태의 eVTOL인 이항184(EHang 184)를 전시하면서 이름이 알려졌다. 창업자이자 CEO인 후화지는 일반인들이 부담 없이 자유롭게 항공 운송 서비스를 이용할 수 있게 하고 싶어서 이항을 창업했다고 한다.

이항이 우리에게 유명해진 건 2가지 사건 때문이다. 첫 번째는 2020년 11월 우리나라에서 열린 시연 행사였다. 국토교통부는 2020년 6월 K-UAM의 상용화를 추진하기 위해 민관 참여 협의체인 UAM 팀 코리아를 발족하였고, 같은 해 11월 UAM 시연 행사를 시행하였다. 서울, 대구, 제주 세 곳에서 진행했는데 이항의 EH216이 5분 정도 시험 비행하는 것을 보여 주었다. EH216은 1인석의 이항 184가 2인석으로 개량된 모델로 우리나라 시연 이전에도 중국, 네덜란드, 카타르, 오스트리아, 미국 등에서 시연 비행을 선보였다.

　　당시 사람이 탑승하지 않고 80kg짜리 쌀포대만 타서 논란이 되었는데, 이는 EH216이 조종사가 없는 자율운항 eVTOL이었기 때문이다. 이항은 자사의 eVTOL을 AAV(Autonomous Aerial Vehicle)라고 부른다. 현재 어떤 감항당국도 안전 문제 때문에 조종사가 없는 항공기의 운항을 인증해 준 곳은 없다. 따라서 아무리 시험 비행이라고 해도 승객이 탑승하는 것을 허가해 주기는 어려웠을 것이고 차선책으로 사람 무게와 비슷한 쌀포대를 태운 것이다.

　　두 번째는 2021년 2월 공매도 보고서로 인한 사기 논란이다. 이항은 2019년 12월에 UAM 스타트업 중 최초로 나스닥에 상장했다. 2021년에 상장한 경쟁사가 모두 SPAC 합병을 통해 상장한 것과 달리 이항은 직접 상장하였다. 아직 매출이 없는 경쟁사들과 달리 이항은 영업적자이긴 하지만 매출이 나오고 있었기 때문이다.

　　이항의 매출은 2018년 6,700만 위안(약 120억 원), 2019년 1억 2,200만 위안(약 230억 원)이었다. 이는 주로 EH216 판매를 통한 것인데 2018년에는 3대, 2019년에는 61대를 판매하였다. 단, 신규 투자금은 경쟁사들에 비하면 초라했다. 2021년에 상장한 경쟁사들이 1조 원 수준의 신규 투자금을 받은 반면 이항은 당시 550억 원 수준의 신규 투자금을 받았다. 참고로 이항은 지금까지 누적으로 1억 3,200만 달러(약 1,600억 원)의 투자금을 받았다.

상장 이후 주가 흐름을 봐도 시장에서 그렇게 인기 있는 종목은 아니었다. 2019년 12월 12일 12.5달러로 시작한 주가는 줄곧 하향세를 그렸고, 2020년 10월에는 8~9달러 수준에서 거래되었고 시가총액은 약 5,000억 원 수준이었다. 주가가 급등하기 시작한 건 상장 후 약 1년 뒤인 2020년 11월 13일이었다. 11.4%가 올랐고 주가는 10달러를 넘어섰다. 우리나라에서의 시험 비행 행사가 이틀 전에 있었던 것을 감안하면 한국 투자자들의 매수가 주가 상승의 촉매였을 것으로 충분히 의심할 만하다. 실제로 예탁결제원의 자료에 따르면 주가 최고점이었던 2021년 2월 12일 한국 투자자의 이항 주식 보유액은 당시 시가총액의 약 10% 수준이었다.

어쨌든 주가는 급등세를 이어갔다. 심지어 당시 인기 많았던 아크 인베스트(Ark Invest)가 출시할 우주 산업 관련 ETF 수혜주로 지목되기도 하였다. 전체적인 시장 상황도 주가에 우호적이었다. 결국 이항 주가는 2021년 2월 12일 124달러, 시가총액 약 8조 원으로 마감하였다. 단 3개월 만에 15배나 오른 것이다.

그때 울프팩 리서치(Wolfpack Research)의 공매도 보고서가 나왔다. 울프팩이 제기한 내용 중 이항에게 치명적인 건 크게 2가지이다.

첫 번째는 이항의 매출이 주가 상승을 위해 허위로 만들어졌다는 것이다. 울프팩은 상하이 쿤샹 인텔리전트 테크놀로지(Shanghai Kunxiang Intelligent Technology)라는 유통 업체가 이항이 상장하기 전에 비공개로 1억 위안(약 190억 원)의 지분 투자를 했고, 이항의 주가를 올려 이익을 보려고 4.5억 위안(약 850억 원)의 허위 구매 계약을 한 것이라고 주장했다.

이에 대해 이항은 상장 전은 물론이고 상장 후에도 쿤샹이 이항의 주주였던 적이 없으며 계약은 다른 고객들과 마찬가지로 정상적이었다고 반박하였다. 무엇이 진실인지는 모르겠지만 이 문제가 제기된 지 1년이 지났는데도 이항은 여전히 나스닥에서 정상적으로 거래 중이다. 만약 문제가 되는 허위 계약이 있었다면 상장 폐지가 되지 않았을까 싶다.

두 번째는 이항이 윈푸시의 신공장에 대해 거짓말을 했다는 것이다. 울프팩은 이항이 2020년 12월 3일에 발표한 2020년 3분기 실적 보도자료에서 CEO가 "윈푸시의 공장에서 생산을 늘리기 시작했다."라고 명시적으로 밝혔는데, 2021년 1월 중순에 가 봤더니 아직도 공사가 끝나지 않았다는 것이다. 하지만 이것은 울프팩의 악의적인 조작으로 보인다. 울프팩 보고서의 내용은 다음과 같다.

[Further, EHang's CEO explicitly stated in the press release below that EHang "[had] started to ramp up [its] production" at the Yunfu facility in EH's Q3 2020 earnings press release on

December 3, 2020.]

그런데 실제 2020년 3분기 실적 언론 보도에서 후화지의 워딩은 다음과 같다.

[We have started to ramp up our production capacity with the new facility in Yunfu.]

즉 울프팩은 이항 CEO가 생산 능력(Production Capacity)을 늘리기 시작했다고 말한 것을 생산(Production)을 늘리고 있다고 했다고 조작한 것이다.

뿐만 아니라 이항 CEO는 2020년 3분기 실적 컨퍼런스콜에서 윈푸시의 신공장은 2021년 상반기에 생산을 시작할 것이라고 말했다. 정확한 워딩은 다음과 같다.

[With local government support, the Yunfu factory is expected to start production in the first half of 2021, with an initial capacity of 600 units per annum, especially for EH216F.]

즉 이항은 윈푸시 신공장에 대해 거짓말을 한 적이 없다. 실제로 2021년 8월 이항은 공사를 마친 신공장의 운영 영상을 공개하였다.

물론 울프팩의 보고서가 전부 엉터리는 아니다. 동의하는 부분도 많다. 이항이 자신들을 소개할 때 쓰는 일부 과장된 표현들은 일반 투자자로 하여금 오해를 불러일으킬 수 있다. 그것은 이항의 잘못이 맞다. 그런데 이항은 상장할 때부터 그런 과장된 표현들을 써 왔고, 주가 급등은 상장 후 1년 뒤에 나타났다. 즉 과장된 표현을 주가 급등의 직접적 원인으로 보기는 어렵다. 사실 그런 표현은 어느 회사나 하는 것이고 산업을 조금만 공부한다면 어느 정도는 걸러서 볼 수 있는 수준의 표현이다.

문제는 단기간에 지나치게 급등한 주가였다. 주가가 3개월 만에 8배 오르는 것은 누가 봐도 비정상적이다. 그 급등의 시작이 한국 투자자들이었다는 점은 매우 씁쓸하다. 안타까운 점은 이 사건을 통해 일반인들에게 이항뿐만 아니라 UAM 산업 이미지가 부정적으로 자리 잡혀 버렸다는 점이다. 산업이나 기업에 대해 제대로 공부하지 않고 단지 주가가 급등하니까 따라 산다거나, 단순히 회사에서 제시하는 자료만 맹목적으로 믿고 투자할 때 발생하는 전형적인 결과이다. 확실한 건 UAM은 사기가 아니고 이항도 과장된 표현은 했을지언정 사기꾼은 아니라는 것이다.

현재 이항은 CAAC에 EH216의 인증을 받고 있으며, 목표는 2022년이라고 한다. 2021년 5월에는 새로운 eVTOL인 VT-30을 공개했다. VT-30은 리프트 플러스 크루즈 eVTOL로 항속거리는 300km에 달할 것이라고 밝혔다. 이항의 eVTOL은 모두 자율운항 기체라는 점에서 인증이 가능할지는 의문이다.

일단 미국이나 유럽의 감항당국 인증은 가까운 미래에는 거의 불가능하다고 본다. 현재 EH216이 인증 절차를 밟고 있는 중국은 가능할 수도 있는데 그렇다 하더라도 도심 운항은 안전 문제상 쉽지 않아 보인다. 단, 도심 상공이 아니고 비행 구간이 한정된 자연 관광 목적으로는 인증이 가능할 수도 있지 않을까 싶다.

Landing

말이 씨가 되다

살면서 말이 씨가 되는 경험을 몇 번 해 본 뒤로 말의 힘이 있다는 것을 믿게 되었다. 그래서 일부러라도 좋은 말만 하려고 노력한다. 어떻게 보면 이 책도 그렇게 탄생되었다고 볼 수 있다.

평소에 "나도 경력 10년 채우면 책 한 권 쓸 거예요."라는 말을 하곤 했다. 구체적인 계획은 물론 없었다. 10년 정도 같은 일을 열심히 하고 그것을 바탕으로 책을 쓴다면 적어도 나 자신에게는 부끄럽진 않을 거라고 생각했다. 신기하게도 10년을 꽉 채웠을 때 제의가 들어왔다.

처음 원고 제의를 받고는 기쁜 마음도 있었지만 "과연 내가 한 권의 책을 완성할 수 있을까?" 하는 두려운 마음도 들었다. 책을 읽는 것은 좋아하지만 써 본 적은 없었기 때문이다. 그래도 "10년이나 보고서를 쓰면서 살아왔는데 뭐 얼마나 크게 다르겠어. 보고서 쓰듯이 쓰면 금방 쓰겠지." 하는 마음으로 겁도 없이 시작하였다. 그런데 이는 얼마 지나지 않아 오판이었음을 깨닫게 되었다. 보고서 쓰는 것과 책 쓰는 것은 전혀 다른 성격의 작업이었다.

나는 꼭 책을 사지 않더라도 서점에 가는 것을 좋아한다. 사 놓고 다 못 본 책도 무척 많다. 매일매일 쏟아지는 신간을 보면서 "이런 책은 도대체 왜 쓴 거지? 종이가 아깝다."라며 거만하게 생각했던 적도 있다. 진심으로 반성한다. 수없이 많은 불면의 밤이 쌓이고 쌓여 한 권의 책이 된다는 것을 직접 경험해 보고 알게 되었다. 세상의 모든 책은 소중하다.

사회 변화에 조금이라도 기여하고 싶다

2011년부터 증권사 애널리스트로 살아오면서 뿌듯한 일도 많았지만 일이 익숙해질수록 가슴 한 편에는 뭔가 부족한 것이 느껴졌다. 구체적으로 말하기 민망하지만 '이 직업을 그만 두었을 때, 더 나아가 생을 마감할 때 나에게 남는 건 무엇일까?' 같은 고민이었다. 현재 내가 가지고 있는 것을 활용해서 뭔가 사회에 긍정적인 변화를 남기고 싶었다.

그러다가 UAM을 알게 되었다. UAM이 상용화되어 대중화가 된 세상을 상상하면 가슴이 뛰었다. 우리 모두의 삶이 크게, 그것도 긍정적으로 변화할 수 있다고 보았기 때문이다. 하루라도 빨리 그런 날이 왔으면 좋겠다는 생각이 들었고, 그러기 위해 나도 힘을 보태고 싶었다. 다행히 내가 할 수 있는 일이 있었다.

UAM은 새로운 산업인 만큼 항공기 제작, 인프라, 운항/공역 관리, 사회적 수용성까지 전 분야에 고른 발전이 필요하다. 그중 애널리스트로서 내가 할 수 있는 일은 대중의 사회적 수용성을 높이는 데 일조하는 것이다. 엔지니어도 아닌 내가 이제 와서 항공기 제작이나 인프라 그리고 운항/공역 관리에 도움이 될 수는 없으니 말이다.

UAM의 사회적 수용성을 높인다는 것을 구체적으로 표현하면 대중에게 UAM을 이해하기 쉽고 정확하게 전달하여 그들로 하여금 "아! 이 새로운 산업이 우리의 삶을 긍정적으로 바꿔 줄 수 있겠구나."라는 생각을 갖게 하는 것이다. 사회적 수용성이 높은 사회일수록 UAM 대중화가 빠를 것으로 예상된다. 사회적 수용성이 높으면 UAM 관련 투자가 좀 더 원활하게 이루어져 기술적인 진보도 빨라지고, 규제 측면에서도 사회적 합의가 좀 더 쉽게 이루어질 것이기 때문이다.

UAM 대중화에 작은 밑거름이 되길 기원한다

많은 사람이 이 책을 읽고 UAM에 대해 내가 느낀 감정을 똑같이 느꼈으면 한다. UAM이 우리 사회에 안착하는 데 자그마한 도움이 된다면 누가 알아주지 않아도 먼 훗날 뿌듯할 것 같다.

비전문가가 이해하기 어려운 기술 이야기나 법조문처럼 복잡한 규제 이야기는 최대한 쉽게 설명하였다. 온전히 UAM을 처음 접하는 사람을 대상으로 UAM 기초 편을 쓴다는 생각으로 최대한 쉽게 쓰려고 노력하였다. 기술, 규제 등의 문제는 전문가의 영역이고 그들은 지난 수십 년간 그래 왔듯 앞으로도 최선을 다해 그 문제들을 해결해 나갈 것이다.

마지막으로…

이 책이 세상에 나올 수 있게 된 모든 공을 사랑하는 아내 지윤에게 돌린다. 그녀의 도움이 없었다면 이 책을 완성할 수 없었을 것이다. 또 내가 열심히 사는 원동력이 되어 주는 사랑하는 딸 율이에게도 고마움을 전한다. 부디 우리 율이가 사는 세상은 UAM으로 인해 지금보다 훨씬 좋은 세상이 되어 있기를 기원하고 그렇게 되도록 더욱 열심히 노력하겠다.

참고 자료

국내 도서

국토교통부 외, 도시의 하늘을 여는 한국형 도심항공교통 로드맵, 2020.

국토교통부 외, 한국형 도심항공교통 기술로드맵, 2021.

김명집, 도심항공 모빌리티, 탄생과 도전의 역사, 2021.

김명집, 메가트렌드, 스마트 시티 그리고 도심항공모빌리티, 2021.

삼정KPMG 경제연구원, 하늘 위에 펼쳐지는 모빌리티 혁명, 도심항공모빌리티, 2020.

UAM Team Korea, 한국형 도심항공교통 운용개념서 1.0, 2021.

최자성 외, 드론택시(UAM)의 수직이착륙장(Vertiport) 설치기준 연구, 2021.

한국기상산업기술원, 국내외 UAM 관련 기상 R&D 동향 보고서, 2021.

외국 도서

Airbus, The roadmap for the safe integration of autonomous aircraft, 2018.

Altran, En-route to urban air mobility – On the fast track to viable and safe on-demand air services. 2020.

Booz Allen Hamilton, Urban Air Mobility Market Study, 2018.

Corgan, Connect Evolved, 2019.

Deloitte Insights, Elevating the future of mobility, 2018.

Deloitte Insights, Infrastructure barriers to the elevated future of mobility, 2019.

EHang, The Future of Transportation: White Paper on Urban Air Mobility Systems, 2020.

EmbraerX, Flight Plan 2030 – An air traffic management concept for urban air mobility, 2019.

eVTOL.com, eVTOL Basics for Inveators – An introduction to navigating the new landscape of urban mobility, 2021.

Lufthansa Innovation Hub, Are Air Taxis Ready For Prime Time?, 2020.

Morgan Stanley, eVTOL/Urban Air Mobility TAM Update: A Slow Take-Off, But Sky's the Limit, 2021.

Morgan Stanley, Flying Cars: Investment Implications of Autonomous Urban Air Mobility, 2018.

NASA, Regional Air Mobility, 2021.

Pitchbook, The eVTOL Air Taxi Stratup Handbook – Air mobility optimism mountsm but industry faces challenges, 2021.

Porsche Consulting, The Economics of Vertical Mobility, 2021.

Porsche Consulting, The Future of Vertical Mobility, 2018.

Roland Berger, Aircraft Electrical Propulsion – Onwards and Upwards, 2018.

Roland Berger, Aircraft Electrical Propulsion – The Next Chapter of Aviation, 2017.

Roland Berger, Urban air mobility – The rise of a new mode of transportation, 2018.

Roland Berger, Urban air mobility – USD 90 billion of potential: How to capture a share of the passenger drone market, 2020.

UBER Elevate, Fast-Forwarding to a Future of On-Demand Urban Air Transportation, 2016.

UBS, Smart mobility, 2019.

Vertical Aerospace, The Future of Advanced Aerial Mobility, 2021.

Volocopter, Pioneering the urban air taxi revolution 1.0, 2019.

Volocopter, The roadmap to scalable urban air mobility, 2021.

Wisk Aero, Autonomous UAM: Taking Mobility to New Heights, 2021.

Wisk Aero, From Airports to Mobility Hubs: Leveraging existing infrastructure for AAM, 2021.

인터넷

Archer Aviation, archer.com/

Aviation Week, aviationweek.com/

Beta Technologies, beta.team/

EHang, ehang.com/index/

Eve Air Mobility, eveairmobility.com/

eVTOL, evtol.com/

Joby Aviation, jobyaviation.com/

Lilium, lilium.com/

Overair, overair.com/

Supernal, supernal.aero/

Vertical Aerospace, vertical-aerospace.com/

Volocopter, volocopter.com/

Wisk Aero, wisk.aero/